出版说明

《中华经典·随身诵读本》从易于诵读和应该诵读的角度选取传世经典,书目包括:

《三字经 百家姓 千字文》
《幼学琼林 增广贤文》
《大学 中庸 弟子规 孝经 朱子治家格言》
《老子 庄子(选)》
《论语 孟子》
《颜氏家训》
《诗经(选) 楚辞(选)》
《千家诗》
《宋词三百首》
《古文释义》

丛书由学界泰斗李学勤先生担任顾问,陈明教授主编。李先生从诵读难易、文化价值、版本源流等角度对书目认真推敲,提供了珍贵的指导意见,在此谨表谢意!

目 录

幼学琼林

卷 一

天 文 …………………………… 6

地 舆 …………………………… 14

岁 时 …………………………… 21

朝 廷 …………………………… 31

文 臣 …………………………… 35

武 职 …………………………… 45

卷 二

祖孙父子 ……………………… 52

兄 弟 …………………………… 60

夫 妇 …………………………… 65

叔 侄 …………………………… 71

师 生 …………………………… 72

朋友宾主……………………75

婚　姻……………………82

妇　女……………………87

外　戚……………………93

老幼寿诞…………………96

身　体……………………101

衣　服……………………110

卷　三

人　事……………………116

饮　食……………………136

宫　室……………………142

器　用……………………147

珍　宝……………………155

贫　富……………………160

疾病死丧…………………164

卷　四

文　事……………………174

科　第……………………182

制　作……………………186

技　艺……………………189

讼 狱	193
释道鬼神	198
鸟 兽	206
花 木	219

增广贤文

平 韵	232
上 韵	300
去 韵	310
入 韵	330

幼学琼林

【导读】

《幼学琼林》，原名《幼学须知》，也称《成语考》《故事寻源》等，最初是明代程登吉所编著，也有人认为是明代景泰年间进士邱睿所编。后人有所增删。清代邹圣脉作了增补和注释，改名《幼学琼林》，又称《幼学故事琼林》。辛亥革命以后，又有费有容的续增本和叶浦荪的再增本。

程登吉，字允升，号退斋，明代西昌人，今江西省新建县人。明万历二十九年（1601）生。他一生淡泊名利，不求功名，但从小好学，博览群书。清顺治五年（1648）二月病逝，终年48岁。

《幼学琼林》是我国古代蒙学中影响较大的幼学读本，是一部介绍中国文化常识的百科常识书籍。全书以骈体文写成，以对偶句子为主，读起来朗朗上口，便于记忆。其内容分为四卷,其中又分为天文、地舆、岁时、朝廷、文臣、武职、婚姻、人事、饮食、宫室、器用、文事、科第、制作、释道鬼神、鸟兽、花木等33个类目,所介绍的知识十分广博,基本涵盖了传统社会生活的方方面面。

此外,该书还因涵盖众多常用成语而著称。人们的日常习语和常见的成语典故,相当一部分都囊括在这部书中,这些成语以历史典故的方式呈现,不但有助于人们了解典故的来源,更便于对成语的记忆和使用。且其释文虽用语不多,却言简意赅,恰到好处。所以,在一定意义上,它也可以作为一本常用成语典故小词典。因此,民间一直流传着"读了《增广》会说话,读了《幼学》走天下"的俗语,可见此书影响之大。

读者通过此书,除了可以掌握不少成语典故外,还可以对中国古代的典章制度、风俗礼仪等有一个较深层次的了解,对读者了解中国传统文化生活的方方面面都有着重要的意义。

卷一

天　文

　　混沌[1]初开，乾坤[2]始奠。气[3]之轻清上浮者为天，气之重浊下凝者为地。日月五星[4]，谓之七政；天地与人，谓之三才。

【注释】

[1]　混沌：天地未形成之前的元气状态。
[2]　乾坤：指天和地。
[3]　气：指元气。
[4]　五星：指金、木、水、火、土五星。

　　日为众阳之宗[1]，月乃太阴之象[2]。虹名螮蝀[3]，乃天地之淫气[4]；月里蟾蜍[5]，是月魄[6]之精光。风欲起而石燕[7]飞，天将雨而商羊[8]舞。旋风名为羊角[9]，闪电号曰雷鞭[10]。青女乃霜之神，素娥[11]即月之号。

【注释】

[1] 宗：宗主，主宰。

[2] 象：仪象，象征。

[3] 螮蝀（dì dōng）：虹的别名，此处代指桥。

[4] 淫气：阴气，邪气。

[5] 蟾蜍：传说后羿请不死药于西王母，其妻嫦娥窃而食之，奔月宫，遂化为蟾蜍。

[6] 月魄：指月亮上黑暗无光的部分。

[7] 石燕：传说零陵山之石燕，遇风雨即飞，雨止复变为石头。

[8] 商羊：古代传说中的一种神鸟，只有一足，能招大雨。

[9] 羊角：旋风弯曲向上，状如羊角，古人因此称旋风为羊角或羊角风。《庄子》"有鸟焉，其名鹏，背若太山。翼若垂天之云，抟扶摇羊角而上者九万里"。

[10] 雷鞭：《淮南子》"雷以电为鞭，电光照处，谓之列缺"。

[11] 素娥：即嫦娥。

雷部[1]至捷[2]之鬼曰律令[3]，雷部推车之女曰阿香[4]。云师系是丰隆，雪神乃是滕六[5]。

欻火[6]、谢仙，俱掌雷火；飞廉[7]、箕伯[8]，悉是风神。列缺[9]乃电之神，望舒[10]是月之御。甘霖、甘澍，俱指时雨[11]；玄穹、彼苍[12]，悉称上天。

【注释】

[1] 雷部：神话传说中天神的一个部门，主管布雨兴云，滋培万物。

[2] 至捷：极为迅速，最快的速度。

[3] 律令：出自《搜神记》，"律令，周穆王时人，善走，死为雷部之鬼。"

[4] 阿香：雷部推车的女鬼。

[5] 丰隆、滕六：神话传说中天神的名字，分别主管云和雪。

[6] 欻（xū）火：雷火之作，因风而起，故雷部之鬼称为欻火。

[7] 飞廉：神禽，能致风，鹿身，头如雀，有角，蛇尾豹纹。

[8] 箕（jī）伯：出自《文苑》，"风伯名言道彰，一曰即箕星也。"

[9] 列缺：闪电之神。

[10] 望舒：出自《淮南子》，"月御曰望舒。"

[11] 时雨：应时之雨。《尔雅》："久旱而雨曰甘霖，久雨不止曰愁霖，时雨澍生万物曰甘澍。"
[12] 玄穹、彼苍：上天的别称。

雪花飞六出[1]，先兆丰年；日上已三竿，乃云时晏[2]。蜀犬吠日[3]，比人所见甚稀；吴牛喘月[4]，笑人畏惧过甚。望切者，若云霓[5]之望；恩深者，如雨露[6]之恩。参商[7]二星，其出没不相见；牛女[8]两宿，惟七夕一相逢。后羿妻，奔月宫而为嫦娥；傅说[9]死，其精神托于箕尾[10]。

【注释】

[1] 六出：指雪花的样子为六角形。
[2] 时晏：时候不早，接近中午了。
[3] 蜀犬吠日：常用来比喻少见多怪。
[4] 吴牛喘月：吴牛，指江淮一带的水牛。形容人因疑心而过分惧怕。
[5] 云霓：云出现在雨前，是下雨的征兆。霓，即"虹"，出现在雨后。
[6] 雨露：古人认为夜气之露是上天降下的

祥瑞。
[7] 参(shēn)商：参、商两颗星，一个在东面，一个在西面，此出彼没，永远不相见。比喻人分离不能相见，也用来比喻不和睦。
[8] 牛女：牛郎和织女。
[9] 傅说：商朝的大臣。
[10] 箕尾：箕和尾皆为星宿名。传说傅说死后精神寄托在箕和尾两个星宿之间。

　　披星戴月，谓早夜之奔驰；沐雨栉风[1]，谓风尘[2]之劳苦。事非有意，譬如云出无心；恩可遍施，乃曰阳春有脚[3]。馈物致敬，曰敢效献曝[4]之忱；托人转移，曰全赖回天之力。感救死之恩，曰再造[5]；诵再生之德，曰二天[6]。

【注释】

[1] 沐雨栉(zhì)风：沐雨，雨水洗淋头。栉风，风梳其鬓。形容经常在外面不避风雨地辛苦奔波。
[2] 风尘：路途。

[3] 阳春有脚：五代王仁裕《开元天宝遗事·有脚阳春》："宋璟爱民恤物，朝野归美，时人咸谓璟为有脚阳春，言所至之处，如阳春煦物也。"
[4] 献曝：古代有个农夫冬天晒着太阳觉得十分舒服，就去献给国君请赏。形容所献菲薄、浅陋，出于至诚。
[5] 再造：即第二次给予生命。
[6] 二天：喻头上两个天作主。

　　势易尽者若冰山，事相悬者如天壤。晨星谓贤人廖落，雷同[1]谓言语相符。心多过虑，何异杞人忧天；事不量力，不殊夸父追日[2]。如夏日之可畏，是谓赵盾[3]；如冬日之可爱，是谓赵衰[4]。齐妇含冤[5]，三年不雨；邹衍[6]下狱，六月飞霜。父仇不共戴天，子道[7]须当爱日[8]。

【注释】
[1] 雷同：雷发声，物无不同时应者。
[2] 夸父追日：夸父追赶太阳，半途渴死。
[3] 赵盾：赵衰的儿子，为晋国大夫。

[4] 赵衰：晋文公重耳逃亡时的忠实追随者之一，后为晋国上卿。有人评价他们父子说：赵衰像冬天的太阳那样可爱，赵盾像夏天的太阳那样可怕。

[5] 齐妇含冤：齐地孝妇窦氏被诬谋杀婆婆，太守处死了她，东海因此三年大旱不雨。

[6] 邹衍：战国时著名的阴阳家，博学多识，燕昭王拜他为师。昭王崩后，惠王听信谗言，将邹衍下狱。邹衍在狱中仰天大哭，时值六月，天上竟然下起霜来。惠王见状，知道必有冤情，于是将邹衍释放，官复原职。

[7] 子道：作为子女应尽的职责和义务。

[8] 爱日：意为子女侍奉父母的时光有限，应该珍惜时光。

盛世黎民[1]，嬉游于光天化日之下；太平天子，上召夫景星[2]庆云[3]之祥。夏时大禹在位，上天雨金[4]；《春秋》《孝经》既成，赤虹化玉[5]。箕好风，毕[6]好雨，比庶人愿欲不同；风从虎，云从龙[7]，比君臣会合不偶。雨旸时若[8]，系是休征[9]；天地交泰[10]，斯称盛世。

【注释】

[1] 黎民：平民百姓。

[2] 景星：一名德星，君王行德政，景星就会出现。

[3] 庆云：五彩祥云，象征喜气。

[4] 上天雨金：传说大禹治水成功后，上天雨金三日，又雨稻三日三夜。

[5] 赤虹化玉：传说孔子完成《春秋》《孝经》后，有赤虹从天而降，化为黄玉，长三尺，上有刻文，孔子跪而受之。

[6] 箕、毕：二星宿名。古人认为它们一个与风对应，一个和雨对应，正象征人们的愿望各不相同。

[7] 风从虎，云从龙：比喻同类事物之间可以相互感应。

[8] 雨旸（yáng）时若：下雨和出太阳都顺应时令。旸，指日出。若，顺从。

[9] 休征：吉祥的征兆。

[10] 交泰：指天地之气和祥，万物通泰。

地　舆

　　黄帝画野[1],始分都邑[2];夏禹治水,初奠山川。宇宙[3]之江山不改,古今之称谓各殊。北京原属幽燕,金台[4]是其异号;南京原为建业,金陵又是别名。浙江是武林[5]之区,原为越国;江西是豫章[6]之地,又曰吴皋。福建省属闽中,湖广地名三楚[7]。

【注释】

[1] 黄帝画野:黄帝将中国划分为若干区域。
[2] 都邑:古代行政区划的名称,各代划分标准不同,后以都邑指代城市。
[3] 宇:上下四方。宙:古往今来。
[4] 金台:又称燕台、黄金台。
[5] 武林:杭州西边有武林山(灵隐山),因此古代又称武林。
[6] 豫章:古代郡名,汉初设置,郡治在今江西南昌一带,后用豫章指代江西。

[7] 三楚：即东楚、西楚、南楚，湖广地区别号三楚。

东鲁西鲁，即山东山西之分；东粤西粤，乃广东广西之域。河南在华夏之中，故曰中州；陕西即长安之地，原为秦境。四川为西蜀，云南为古滇。贵州省近蛮方[1]，自古名为黔地。东岳泰山，西岳华山，南岳衡山，北岳恒山，中岳嵩山，此为天下之五岳；饶州之鄱阳，岳州之青草，润州之丹阳，鄂州之洞庭，苏州之太湖，此为天下之五湖。金城汤池，谓城池之巩固；砺山带河[2]，乃封建[3]之誓盟。帝都曰京师，故乡曰梓里[4]。蓬莱弱水，惟飞仙可渡；方壶圆峤[5]，乃仙子所居。沧海桑田，谓世事之多变；河清海晏[6]，兆天下之升平。水神曰冯夷[7]，又曰阳侯；火神曰祝融[8]，又曰回禄。海神曰海若，海眼[9]曰尾闾。

【注释】

[1] 蛮方：中国古代对南方各少数民族的泛称。
[2] 砺山带河：泰山小得像块磨刀石，黄河细得像条衣带。比喻时间久远，任何动荡

也决不变心。

[3] 封建：指分封制。

[4] 梓里：古人常在房前屋后种植桑树或梓树，后来就用桑梓或梓里代表故乡。

[5] 蓬莱，方壶，圆峤：传说中东海之仙山。

[6] 河清海晏：指国泰民安。河，指黄河。晏，安宁。

[7] 冯夷：传说是轩辕之子，死后为水神。又天帝署其为河伯，故称阳侯。

[8] 祝融：伏羲时有祝融氏，以火为纪，名赤帝。

[9] 海眼：《十洲记》记载海中叫尾闾的地方，有一块石头圆四万里，海水全部从下面流走。

望人包容，曰海涵；谢人恩泽，曰河润[1]。无系累者，曰江湖散人；负豪气者，曰湖海之士[2]。问舍求田[3]，原无大志；掀天揭地，方是奇才。凭空起事，谓之平地风波；独立不移，谓之中流砥柱[4]。黑子[5]弹丸[6]，漫言至小之邑；咽喉右臂，皆言要害之区。

16

【注释】

[1] 河润：黄河水可以滋润周围广大的地区。

[2] 湖海之士：汉代陈登狂傲有豪气，被许汜称为"湖海之士"。

[3] 问舍求田：即求田问舍，原为刘备责备许汜之语。许汜为国士，处纷乱之世，而无效主之志，只知道买田置屋，为个人利益打算，没有远大志向。后以求田问舍形容专营私利而胸无大志之人。

[4] 砥柱：黄河三门峡中的一座石山，立在黄河激流之中。

[5] 黑子：黑痣。

[6] 弹丸：弹弓用的泥丸。

独立难持，曰一木焉能支大厦；英雄自恃，曰丸泥亦可封函关[1]。事先败而后成，曰失之东隅，收之桑榆[2]；事将成而终止，曰为山九仞[3]，功亏一篑[4]。以蠡[5]测海，喻人之见小；精卫[6]衔石，比人之徒劳。跋涉[7]谓行路艰难，康庄[8]谓道途平坦。硗[9]地曰不毛之地，美田曰膏腴[10]之田。

【*注释*】

[1] 函关：即函谷关，位于今河南省灵宝市北十五千米处，是中国历史上建置最早的雄关要塞之一，因关在谷中，深险如函，故称函谷关。

[2] 东隅：太阳升起的地方。桑榆：太阳落山后余光照在树上，因此用桑榆表示日落的地方。

[3] 仞：古代七尺为一仞。九仞言其极高。

[4] 篑：盛土的筐。

[5] 蠡：用葫芦做的瓢。《东方朔传》有"以管窥天，以蠡测海"。后有成语"管窥蠡测"。

[6] 精卫：《山海经》记载，炎帝之女溺死于东海，化为精卫鸟，常衔西山之木石欲填平东海。

[7] 跋（bá）：指登山。涉：指过河。

[8] 康庄：出自《尔雅》，"五达谓之康，六达谓之庄。"

[9] 硗（qiāo）：土地坚硬而瘠薄。

[10] 膏腴（yú）：膏是油脂，腴是肥肉。这里是形容土地肥沃

得物无所用,曰如获石田[1];为学已大成,曰诞登道岸[2]。淄渑[3]之滋味可辨,泾渭[4]之清浊当分。泌水[5]乐饥,隐居不仕;东山高卧,谢职求安。圣人出则黄河清,太守廉则越石见。美俗曰仁里[6],恶俗曰互乡[7]。里名胜母,曾子不入;邑号朝歌,墨翟回车。

【注释】

[1] 石田:布满石头的田地,借指没什么用处的东西。

[2] 道岸:指学业、真理的彼岸。

[3] 淄渑(miǎn):指淄水、渑水,都流经山东。传说齐国易牙善烹调,能够分辨出淄水和渑水的滋味。

[4] 泾渭:指泾水与渭水,都流经陕西。泾水清澈,渭水混浊,合流三百余里,水之清浊不杂。

[5] 泌水:涌出的泉水。《诗经》有"泌之洋洋,可以乐饥"。

[6] 仁里:有仁厚风俗的乡里。

[7] 互乡:交相为恶之乡。

击壤而歌,尧帝黎民之自得;让畔而耕[1],文王百姓之相推。费长房有缩地之方,秦始皇有鞭石[2]之法。尧有九年之水患,汤有七年之旱灾。商鞅不仁而阡陌[3]开,夏桀无道而伊洛[4]竭。道不拾遗,由在上有善政;海不扬波[5],知中国有圣人。

【注释】

[1] 让畔而耕:畔,田界。传说周文王治理的地区,风俗仁义,耕田的人互相推让田界。
[2] 鞭石:传说秦始皇想登山祭海,见山距陆地太远,想在东海上造一座石桥,当时有仙人帮助驱石下海;石走慢了,仙人就用鞭子抽打,石皆流血,至今还留有赤石。
[3] 阡陌:田地之间的道路和地界。商鞅废井田,开阡陌,秦国因此强大起来。
[4] 伊洛:指伊水和洛水。桀无道,上天使二水干枯以示警告。
[5] 海不扬波:海上不起惊涛骇浪,比喻天下太平。

岁 时

爆竹一声除旧,桃符[1]万户更新。履端[2]是初一元旦,人日[3]是初七灵辰[4]。元日献君以《椒花颂》[5],为祝遐龄[6];元日饮人以屠苏酒[7],可除疠疫。新岁曰王春[8],去年曰客岁[9]。

【注释】
[1] 桃符:画在桃木板上的门神,古人以桃木能驱邪,故新年风俗都换桃符。
[2] 履端:开端。
[3] 人日:传说天地初开时,第一日为鸡日,依次为狗日、猪日、羊日、牛日、马日,第七日为人日,第八日为谷日。其日晴,则主所生之物盛;其日阴,则有灾难。
[4] 灵辰:人日的别称,意为吉祥的时刻。
[5] 椒花颂:《晋书·列女传·刘臻妻陈氏》

载,"刘臻妻陈氏者,亦聪辨能属文,尝正旦献《椒花颂》。"

[6] 遐龄:高龄。

[7] 屠苏酒:唐人孙思邈教人在除夕把药浸入井中,元旦那天取井水加入酒中,饮后人不生疫病。

[8] 王春:代表新的一年,有尊重正统君主的意思。《春秋》曰:"元年春,王正月。"

[9] 客岁:旧的一年。

　　火树银花合,谓元宵灯火之辉煌;星桥铁锁开,谓元夕金吾[1]之不禁。二月朔为中和节[2],三月三为上巳[3]辰。冬至百六是清明,立春五戊[4]为春社[5]。寒食节[6]是清明前一日,初伏日是夏至第三庚。四月乃是麦秋[7],端午却为蒲节[8]。

【注释】

[1] 金吾:汉代禁止夜行的官。古代通常在城中实行霄禁。星桥铁锁开,指元宵取消了夜禁。

[2] 中和节:二月初一。唐德宗时将这天定为

中和节，人们在这天互相赠送瓜果百谷。
[3] 上巳：三月上旬的巳日，称上巳。后来定为三月初三日。
[4] 五戊：戊是天干的第五位，五戊是立春后的第五个戊日。
[5] 春社：即春天祭祀土地神。社，祭祀土地神的活动。
[6] 寒食节：介子推帮助晋文公复国有功，但不愿做官，隐于山中，晋文公纵火烧山，想逼他出来，但介子推抱树不出而被烧死。晋文公命令百姓每年在这一天禁火，故名寒食。
[7] 麦秋：麦熟于旧历四月，故曰麦秋。
[8] 蒲节：端午节在门上挂菖蒲叶和饮菖蒲酒的习俗，故称。

六月六日，节名天贶[1]；五月五日，节号天中。端阳竞渡[2]，吊屈原之溺水；重九登高[3]，效桓景之避灾。五戊鸡豚宴社，处处饮治聋之酒；七夕牛女渡河，家家穿乞巧[4]之针。中秋月朗，明皇[5]亲游于月殿；九日风高，孟嘉[6]帽落于龙山。

23

【注释】

[1] 贶(kuàng)：赏赐之意。宋哲宗元符四年六月初六，有人报告降下天书，故名天贶。

[2] 端阳竞渡：屈原在端午节投汨罗江而死，楚人为祭奠他，在这天将粽子投入江中，并进行划龙舟竞赛，表示当时抢救屈原的迫切之情。后来吃粽子和赛龙舟成为传统风俗。

[3] 重九登高：相传费长房对桓景说，九月九日，你家中有难，只有全家人插着茱萸登山饮菊花酒，才能避祸，桓景听从了他的话。晚上回家一看，家中的鸡犬牛羊都死了。以后重九登高成为风俗。

[4] 乞巧：七夕晚上女孩子在月亮底下穿针，求得一双灵巧的手。

[5] 明皇：唐玄宗。中秋时，罗公远以杖为桥，引明皇到月宫一游，明皇觉得月宫的音乐很好听，就凭记忆谱写了一首《霓裳羽衣曲》。

[6] 孟嘉：晋代人，桓温的参军，曾随桓温重九登高，帽子吹落却没有感觉到，桓温

叫人不要告诉他，良久命人交还给他，并命孙盛作文嘲笑孟嘉，孟嘉也作文应答，言辞非常得体。

秦人岁终祭神曰腊[1]，故至今以十二月为腊；始皇当年御讳曰政[2]，故至今读正月为征。东方之神曰太皞[3]，乘震而司春，甲乙属木，木则旺于春，其色青，故春帝曰青帝。南方之神曰祝融，居离而司夏，丙丁属火，火则旺于夏，其色赤，故夏帝曰赤帝。西方之神曰蓐收，当兑而司秋，庚辛属金，金则旺于秋，其色白，故秋帝曰白帝。北方之神曰玄冥，乘坎而司冬，壬癸属水，水则旺于冬，其色黑，故冬帝曰黑帝。中央戊己属土，其色黄，故中央帝曰黄帝[4]。夏至一阴生，是以天时渐短；冬至一阳生，是以日晷[5]初长。冬至到而葭灰[6]飞，立秋至而梧叶落。

【注释】
[1] 腊：古代阴历十二月的一种祭祀，冬至后第三个戌日祭祀众神。
[2] 御讳曰政：古时农历一月是天子召集大臣

议政的月份,所以名"政月"。秦始皇名嬴政,秦时为避讳,改"政月"为正月,并沿用至今。

[3] 皞(hào):即伏羲一作太皓,又作太昊,又称青帝,是五天帝之一。伏羲是古代传说中中华民族的人文始祖。相传,他根据天地万物的变化,发明创造了八卦。

[4] 古人用阴阳五行来解释季节和方位,将金木水火土五行与东西南北中及春夏秋冬相配,又和八卦及天干对应,它们的对应关系是:中央:戊己,黄色,属土;春:东方,甲乙,青色,震位,属木;夏:南方,丙丁,红色,离位,属火;秋:西方,庚辛,白色,兑位,属金;冬:北方,壬癸,黑色,坎位,属水。黄帝配土,太皞配木,炎帝配火,少皞配金,颛顼配水。

[5] 日晷:利用日影测量时间的仪器。晷,日影。

[6] 葭灰:葭莩(芦苇里的白色薄膜)烧成的灰。古人用葭灰置于律管中,放密室内,以占气候。

上弦谓月圆其半，系初八、九；下弦谓月缺其半，系廿二、三。月光都尽谓之晦[1]，三十日之名；月光复苏谓之朔[2]，初一日之号；月与日对谓之望[3]，十五日之称。初一是死魄[4]，初二旁死魄，初三哉生明，十六始生魄。翌[5]日、诘朝[6]，皆言明日；谷旦[7]、吉旦，悉是良辰。片晌即谓片时，日曛[8]乃云日暮。

【注释】

[1] 晦：农历每月的最后一天。

[2] 朔：农历每月的第一天。

[3] 望：农历每月十五日，即月满之日。

[4] 魄：指月出或月没时的微光。

[5] 翌：明也。

[6] 诘朝：平旦也。《左传》载："诘朝相见。"诘朝，指次日早晨。

[7] 谷旦：良辰，晴朗美好的日子，古时常用为吉日的代称。谷，指善。

[8] 曛：太阳落山的余光。

畴昔[1]、曩者[2]，俱前日之谓；黎明、昧爽，皆将曙之时。月有三浣[3]：初旬十日为上浣,中旬十日为中浣,下旬十日为下浣;学足三余[4]:夜者日之余,冬者岁之余,雨者晴之余。以术愚人,曰朝三暮四[5];为学求益,曰日就月将。焚膏继晷[6],日夜辛勤;俾昼作夜[7],晨昏颠倒。自愧无成,曰虚延岁月;与人共语,曰少叙寒暄[8]。

【注释】

[1] 畴昔:往昔,以前。

[2] 曩(nǎng)者:以往,以前。

[3] 三浣:古代官员每十天发一次俸禄,休息一次,洗衣洗澡,称为一浣。

[4] 三余:汉末董遇好学,对人说:"学者当利用三余,夜者日之余,冬者岁之余,雨者晴之余。"

[5] 朝三暮四:古时有个养猴的人,发栗子喂猴,说:"早上三个,傍晚四个。"众猴皆怒。又说:"早上四个,傍晚三个。"众猴皆喜。

[6] 焚膏继晷:形容日夜不停,非常勤奋地工作或读书。膏,灯油。

[7] 俾作夜昼:形容夜以继日地寻欢作乐。

[8] 寒暄：指叙说天气寒暖之类的话。

可憎者，人情冷暖；可厌者，世态炎凉。周末无寒年[1]，因东周之懦弱；秦亡无燠岁[2]，由嬴氏之凶残。泰阶星[3]平曰泰平，时序调和曰玉烛[4]。岁歉曰饥馑之岁，年丰曰大有之年。谷不熟为饥，菜不熟为馑。唐德宗之饥年，醉人为瑞[5]；梁惠王之凶岁，野莩[6]堪怜。丰年玉，荒年谷，言人品之可珍；薪如桂，食如玉，言薪米之腾贵。春祈秋报，农夫之常规；夜寐夙兴[7]，吾人之勤事。韶华[8]不再，吾辈须当惜阴；日月其除，志士正宜待旦。

【注释】

[1] 寒年：寒冷的年份。
[2] 燠（yù）岁：暖热的年份。燠，暖热。燠岁和寒年皆为不正常之年景。
[3] 泰阶星：古代的星座名，又名三台星，今大熊座之爪子。共六颗星，两两并排，如阶梯状。古人认为这些星分别代表天子、诸侯、卿大夫、士和庶人。泰阶星平正，天下就大治，称泰平，后来写作

太平；泰阶星斜则天下大乱。
[4] 玉烛：古人认为烛龙之神主宰四季和白天黑夜，龙衔玉烛则时序调和。
[5] 醉人为瑞：时闹饥荒，无人酿酒。如果偶尔有人喝醉，大家都认为是祥瑞之兆。
[6] 莩（piǎo）：同"殍"，饿死之人。
[7] 夜寐夙兴：比喻工作勤奋，从早上一直劳作到深夜才休息。寐，睡觉。夜寐，很晚才睡觉。夙，早。夙兴，意为天不亮就起来做事情。
[8] 韶华：美好的年华，指年轻时代。

朝 廷

　　三皇[1]为皇，五帝[2]为帝。以德行仁者王，以力[3]假仁者霸。天子天下之主，诸侯[4]一国之君。官天下，乃以位让贤；家天下，是以位传子。陛下尊称天子，殿下尊重宗藩[5]。皇帝即位曰龙飞，人臣觐[6]君曰虎拜。

【注释】

[1] 三皇：指天皇、地皇、人皇。

[2] 五帝：有多种说法，一般指伏羲、神农、黄帝、尧、舜。

[3] 力：武力。

[4] 诸侯：周代天下分为许多小诸侯国，国君称为诸侯。

[5] 宗藩：指与天子同姓的诸侯。

[6] 觐：拜见。

皇帝之言，谓之纶音[1]；皇后之命，乃称懿旨。椒房是皇后所居，枫宸[2]乃人君所莅。天子尊崇，故称元首[3]；臣邻辅翼，故曰股肱[4]。龙之种，麟之角，俱誉宗藩；君之储，国之贰，皆称太子。帝子爰[5]立青宫，帝印乃是玉玺。

【注释】

[1] 纶音：《礼记》载，"王言如丝，其出如纶。王言如纶，其出如綍。"
[2] 枫宸：帝王殿前多种植枫树，故称其居所为枫宸。
[3] 元首：头脑。
[4] 股肱：大腿和胳膊。
[5] 爰：称为。

宗室之派，演[1]于天潢[2]；帝胄[3]之谱，名为玉牒[4]。前星耀彩，共祝太子以千秋；嵩岳效灵，三呼天子以万岁。神器大宝，皆言帝位；妃嫔媵嫱[5]，总是宫娥。姜后[6]脱簪而待罪，世称哲后；马后[7]练服以鸣俭，共仰贤妃。唐放勋[8]德配昊天,遂动华封之三祝;汉太子[9]恩覃[10]少海,乃兴乐府之四歌。

【注释】

[1] 演:长流。

[2] 潢:水池。

[3] 帝胄(zhòu):帝王或贵族的后代。

[4] 牒:册。

[5] 妃嫔媵(yìng)嫱:妃是地位仅次于皇后的妾,嫔、嫱是女官,媵是随从皇后陪嫁过来的女子。

[6] 姜后:周宣王的皇后。《列女传》载,周宣王晚起,姜后即脱簪请罪,曰:"吾之过,使君王好色而忘德,失礼晚起。"宣王曰:"吾之过,非卿之过也。"于是处理政务很勤奋。

[7] 马后:汉明帝的皇后。《汉书》载,马后穿素色衣服,饮食节俭,以作天下表率。

[8] 唐放勋:指尧帝。尧帝到华山巡视,华山封人祝愿他多福多寿多男子,称为"华封三祝",后来成为颂扬人的祝颂语。放勋:极大的功勋,一说放勋乃尧帝之名。

[9] 汉太子:指汉明帝。《汉书》载,汉明帝为太子时,乐人作了四章颂扬太子德行的歌:第一章为"日重光",第二章为"月重光",第三章为"星重辉",第四章为"海重润"。

[10] 罩:达到,延及。

文 臣

帝王有出震向离[1]之象,大臣有补天浴日[2]之功。三公[3]上应三台[4],郎官[5]上应列宿。宰相位居台铉[6],吏部职掌铨衡[7]。吏部天官大冢宰,户部地官大司徒,礼部春官大宗伯,兵部夏官大司马,刑部秋官大司寇,工部冬官大司空[8]。

【注释】

[1] 震、离:震代表东方,离代表南方,帝王就像太阳一样从东方升起,在南方照耀天下。
[2] 补天浴日:古代神话传说,女娲炼石补天与羲和浴日甘渊的并称。后用以比喻力挽世运,挽回危局。
[3] 三公:一般指太师、太保、太傅。
[4] 三台:三台星。
[5] 郎官:帝王的侍从官。

[6] 铉（xuàn）：举鼎用的器具。

[7] 铨衡：度量工具。

[8] 天官、地官、春官、夏官、秋官、冬官：《周礼》中的官职。

都宪中丞，都御史[1]之号；内勤学士[2]，翰林院之称。天使誉称行人[3]，司成尊称祭酒[4]。称都堂曰大抚台[5]，称巡按曰大柱史[6]。方伯、藩侯，左右布政[7]之号；宪台、廉宪，提刑按察[8]之称。宗师称为大文衡[9]，副使称为大宪副[10]。郡侯、邦伯，知府名尊；郡丞、贰侯，同知[11]誉美。

【注释】

[1] 都御史：明代监察机构御史台的长官。

[2] 内勤学士：负责为皇帝起草文书的官员。

[3] 行人：古代传达皇帝诏令的官员。

[4] 祭酒：古代最高学府国子监的主管官。

[5] 大抚台：明代巡抚兼任都察院副都御史，故称大抚台。

[6] 大柱史：称巡按为大柱史，又称侍御、总马、执法大夫、绣衣使者。

[7] 布政：掌管一省户政赋役的行政长官。
[8] 按察：掌管一省的刑法事务。
[9] 文衡：掌管一省教育的官。
[10] 宪副：是监察史的副手。
[11] 同知：是一府的副长官。

郡宰、别驾，乃称通判[1]；司理、鹰史，赞美推官[2]。刺史、州牧，乃知州之两号；鹰史、台谏，即知县之尊称。乡宦曰乡绅，农官曰田畯[3]。钧座、台座，皆称仕宦；帐下[4]、麾下[5]，并美武官。秩官既分九品，命妇[6]亦有七阶：一品曰夫人，二品亦夫人，三品曰淑人，四品曰恭人，五品曰宜人，六品曰安人，七品曰孺人。

【注释】
[1] 通判：即督粮长官。通判跟随刺史巡视，另乘一辆车，故称别驾。
[2] 推官：是府中理刑办案的官员。
[3] 田畯：古代管农事、田法的官。
[4] 帐下：将帅的部下。大将行军，设置帷帐居住，故称部下为帐下。

[5] 麾下：士卒进退，以麾指挥，故称麾下。麾，旗帜。
[6] 命妇：受诰命之妇。凡担任官职的人，他的母亲和妻子都可以接受诰命。

妇人受封曰金花诰[1]，状元报捷曰紫泥封[2]。唐玄宗以金瓯[3]覆宰相之名，宋真宗以美珠钳谏臣之口[4]。金马玉堂[5]，羡翰林之声价；朱幡皂盖[6]，仰郡守之威仪。台辅[7]曰紫阁名公，知府曰黄堂[8]太守。府尹[9]之禄二千石，太守之马五花骢[10]。代天巡狩，赞称巡按；指日高升，预贺官僚。

【注释】

[1] 金花诰：唐玄宗诰封群夫人，用金花罗纸书写，称为金花诰。
[2] 紫泥封：唐代进士及第，用泥金帖书写报告喜讯，称为紫泥封。
[3] 金瓯：唐玄宗将要任命宰相，写好名字用金盆盖住，正好太子进来，玄宗问太子："你认为谁能担任宰相呢？"太子回答："难道不是崔琳、卢从愿吗？"原来

他们二人很有声望，所以太子能猜中。

[4] 宋真宗以美珠钳谏臣之口：宋真宗想到泰山封禅，担心大臣王旦反对，就赐给王旦一坛酒，说："回家与妻儿共同享用。"王回家打开一看，里面装满了珍珠，知道是皇上叫他不要反对封禅的事，于是再不敢提出异议了。

[5] 金马玉堂：汉代宫门称为金马门，玉堂是翰林院的别名。

[6] 朱幡皂盖：汉代郡守的仪仗有红色的旗幡和黑色的伞盖。

[7] 台辅：指三公，又称为紫禁、紫阁。

[8] 黄堂：古代太守的正堂用雌黄涂墙，所以称为黄堂。

[9] 府尹：即京府之尹。

[10] 五花骢：汉代太守乘坐五匹马拉的车。骢，青白色的马。

初到任曰下车，告致仕[1]曰解组[2]。藩垣屏翰，方伯犹古诸侯之国；墨绶[3]铜章[4]，令尹[5]即古子男之邦。太监掌阍门之禁令，故曰阉宦；朝臣皆搢笏[6]于绅间，故曰搢绅[7]。萧

39

曹[8]相汉高，曾为刀笔吏；汲黯[9]相汉武，真是社稷臣。

【注释】

[1] 致仕：官员退休。
[2] 组：系印的绳子。
[3] 墨绶：黑色的用来系印的带子。
[4] 铜章：铜铸的官印。
[5] 令尹：即县官，管理的地方相当于古代的子国和男国。
[6] 笏（hù）：大臣上朝时拿的用于记事的板子。
[7] 绅：衣带。
[8] 萧曹：萧何、曹参，先后任西汉初的丞相。
[9] 汲黯：汉武帝时大臣，常当面指出别人的过失。

召伯[1]布文王之政，尝舍甘棠之下，后人思其遗爱，不忍伐其树；孔明有王佐之才，尝隐草庐之中，先主慕其令名，乃三顾其庐。鱼头[2]参政，鲁宗道秉性骨鲠；伴食宰相，卢怀慎[3]居位无能。王德用[4]，人称黑王相公；赵清献[5],世号铁面御史。汉刘宽[6]责民,蒲鞭示辱;项仲山[7]洁己,饮马投钱。

【注释】

[1] 召伯:召公奭,被封于召,尝居甘棠树下。后人纪念他,写下《甘棠赋》。
[2] 鱼头:鲁字为"鱼"头,此处指鲁宗道。
[3] 卢怀慎:唐时与姚崇同朝任宰相,他认为自己才能不如姚崇,故事务都推给姚崇处理。
[4] 王德用:宋人,治军有方。
[5] 赵清献:即赵汴,谥号"清献",宋神宗时为御史,弹劾不避权贵。
[6] 刘宽:汉人,担任南阳太守,为人宽容,民有过错,只用蒲草鞭子处罚,以示耻辱。
[7] 项仲山:《世说新语》载,项仲山是安徽人,非常廉洁,每次在河边饮(yìn)马,都要投钱三文。

李善感[1]直言不讳,竟称鸣凤朝阳;汉张纲[2]弹劾无私,直斥豺狼当道。民爱邓侯[3]之政,挽之不留;人言谢令之贪,推之不去。廉范[4]守蜀郡，民歌五袴；张堪[5]守渔阳，麦穗两歧。

【注释】

[1] 李善感：唐朝时任监察御史，皇帝想封五岳，他力谏阻止。人们认为他的劝谏是鸣叫的凤凰朝向太阳。

[2] 张纲：汉御史，皇帝派其到外地巡视，张埋掉车轮，说："现在是豺狼当道，去抓什么狐狸。"于是上朝弹劾大将军梁冀兄弟的不法行为。

[3] 邓侯：指邓攸，晋代时任吴郡太守，离任时百姓挽留不让离去。其前任谢太守非常贪财，人们于是作歌曰："邓侯留不住，谢令推不去。"

[4] 廉范：汉蜀郡太守，鼓励百姓劳动致富，百姓唱"过去没有衣穿，现在有五条裤子"。

[5] 张堪：汉朝人，作渔阳太守，百姓做歌曰"桑树上没有多余的枝条，麦子上长出个穗"。

鲁恭[1]为中牟令,桑下有驯雉之异;郭伋[2]为并州守,儿童有竹马之迎。鲜于子骏[3],宁非一路福星;司马温公[4],真是万家生佛。鸾凤不栖枳棘,羡仇香[5]之为主簿;河阳遍种桃花,乃潘岳[6]之为县官。刘昆[7]宰江陵,昔日反风灭火;龚遂[8]守渤海,令民卖刀买牛。此皆德政可歌,是以令名攸[9]著。

【注释】

[1] 鲁恭:汉中牟令,为政有方,以致桑树下的雉鸡都很驯服,连小孩都知道要抚养幼雉而不去捕捉它们。

[2] 郭伋:汉并州太守,广布恩德,其出行时,数百儿童骑竹马在道旁欢迎。

[3] 鲜于子骏:宋人,担任京中转运使,司马光赞扬他是"一路福星"。

[4] 司马温公:即司马光,宋宰相,被封为温国公,恩德遍布,被誉为"万家生佛"。

[5] 仇香:汉代某县主簿,县令王涣说:"鸾凤不应落在枳棘丛中。"送他入太学,后仇香声名大振。

[6] 潘岳:晋代人,任河阳尹,百姓负债还不

上,即命其种桃树,官府代其还债。其离任时,县里种满了桃树,开满桃花,被誉为"花县"。
[7] 刘昆:汉人,任江陵令时,发生火灾,其对火叩头,风转过头来将火扑灭。
[8] 龚遂:汉代人,任渤海郡守,适时饥荒四起,龚传令不要追捕盗贼,于是盗贼都带着刀剑来迎接他,他乘机劝他们卖刀买牛,全力耕作。
[9] 攸:长远之意。

武 职

韩柳欧苏[1],固文人之最著;起翦颇牧[2],乃武将之多奇。范仲淹[3]胸中具数万甲兵,楚项羽江东有八千子弟。孙膑[4]吴起[5],将略堪夸;穰苴[6]尉缭[7],兵机莫测。姜太公有《六韬》[8],黄石公有《三略》[9]。韩信将兵,多多益善;毛遂讥众,碌碌无奇。

【注释】

[1] 韩柳欧苏:唐代文学家韩愈、柳宗元,宋代文学家欧阳修、苏轼。

[2] 起翦颇牧:指战国时秦国大将白起、王翦,赵国大将廉颇、李牧。

[3] 范仲淹:北宋人,曾任延州知州防御西夏,治军严整,西夏人谓其"胸中有百万甲兵"。

[4] 孙膑:战国时齐国军事家,著《孙膑兵法》。

[5] 吴起：战国时魏国军事家，善于带兵，著有《吴子兵法》。
[6] 穰苴（ráng jū）：即司马穰苴，战国时齐国军事家，著有《司马法》。
[7] 尉缭：战国时魏国军事家，著有《尉缭子》。
[8] 六韬：文武龙虎豹犬。
[9] 三略：相传为姜尚所著，汉代黄石公加以完善，传与张良。

大将曰干城[1]，武士曰武弁[2]。都督称为大镇国，总兵称为大总戎。都阃[3]即是都司，参戎即是参将。千户有户侯之仰，百户有百宰之称。以车为户曰辕门[4]，显揭战功曰露布[5]。下杀上谓之弑[6]，上伐下谓之征。

【注释】

[1] 干城：比喻捍卫者。干，盾牌。城，城墙。
[2] 武弁（biàn）：武士是士卒中的头目，犹如巾是戴在头上的衣服一样。弁，头巾。
[3] 都阃（kūn）：指领兵在外的将帅或外任的大臣。

[4] 辕门：辕，用车围出的营门。古代君王出行扎营时，用两车车辕相对作门，称为辕门。

[5] 露布：后魏时，每次作战胜利，就在旗上写下战功，名为露布。

[6] 弑：下杀上为弑。

　　交锋为对垒，求和曰求成。战胜而回，谓之凯旋；战败而走，谓之奔北。为君泄恨，曰敌忾[1]；为国救难，曰勤王。胆破心寒，比敌人慑服[2]之状；风声鹤唳[3]，惊士卒败北之魂。汉冯异[4]当论功，独立大树下，不夸己绩。汉文帝尝劳军，亲幸细柳营[5]，按辔徐行。苻坚自夸将广，投鞭可以断流[6]；毛遂自荐才奇，处囊便当脱颖[7]。羞与哙等伍，韩信降作淮阴；无面见江东，项羽羞归故里。韩信受胯下之辱[8]，张良有进履[9]之谦。卫青为牧猪之奴，樊哙为屠狗之辈。求士莫求全，毋以二卵[10]弃干城之将；用人如用木，毋以寸朽弃连抱之材。总之，君子之身，可大可小；丈夫之志，能屈能伸。自古英雄，难以枚举，欲详将略，须读《武经》。

【注释】

[1] 忾：愤恨。

[2] 慑服：因畏惧而屈服。

[3] 风声鹤唳（lì）：淝水之战中前秦的军队被打败，逃跑途中，听到风声与鹤的叫声，都以为是晋兵追杀。唳，叫声。

[4] 冯异：东汉光武帝刘秀手下的大将。大将们都坐在一起评论功劳，唯独冯异立在大树下，因此被称为大树将军。

[5] 细柳营：《史记·绛侯周勃世家》载，文帝之后六年，以周亚夫为将军，军细柳。上自劳军。霸上及棘门军，直驰入，将以下骑送迎。已而之细柳军，军士吏披甲，锐兵刃，彀弓弩，持满。天子先驱至，不得入……于是天子乃按辔徐行。

[6] 投鞭可以断流：前秦苻坚南伐晋国前，吹嘘自己兵力有百万之众，投鞭于江，足以断流。结果为晋所败。

[7] 脱颖：颖，针尖。毛遂自荐去楚国当说客，平原君说："人才就像是锥子放在布袋中，锥尖马上可以看见，而先生在我这里三年，还没有听说你做了什么事情。"毛遂说：

"如果让臣处于布袋中,将脱颖而出。"
[8] 胯下之辱:韩信少年时喜欢佩剑,家乡中有无赖侮辱他说:"不怕死,就刺死我;怕死,就从胯下钻过。"韩信看了他很久,就从胯下钻过。后来韩信做了淮阴侯,还召那个无赖少年做了楚中尉。
[9] 进履:指张良为黄石公穿鞋而得书之事。
[10] 卵:鸡蛋。

卷二

祖孙父子

何谓五伦[1]？君臣、父子、兄弟、朋友、夫妇；何谓九族[2]？高、曾、祖、考[3]、己身、子、孙、曾、玄。始祖曰鼻祖，远孙曰耳孙[4]。父子创造，曰肯构肯堂[5]；父子俱贤，曰是父是子。祖称王父[6]，父曰严君。父母俱存，谓之椿萱并茂[7]；子孙发达，谓之兰桂腾芳[8]。

【注释】

[1] 五伦：也称为五常，人与人之间的五种关系。

[2] 九族：与本人有亲缘关系的所有宗支族系。

[3] 考：指死去的父亲。

[4] 耳孙：离高祖很远，只是听说过，没有见过，故名之。

[5] 肯构肯堂：父亲肯设计房子，儿子肯建造房子，形容子承父业。

[6] 王父：祖父。《尔雅》云："父之考曰王父。"

[7] 椿萱并茂：椿即椿庭，指代父亲；萱即萱草，指代母亲。椿庭长寿，萱草茂盛，椿萱并茂意为父母长寿健康。

[8] 兰桂腾芳：芝兰和丹桂一起散发芬芳，比喻子孙昌盛显达。兰指芝兰，桂指丹桂，兰桂比喻子孙。

　　桥木[1]高而仰，似父之道；梓木[2]低而俯，如子之卑。不痴不聋，不作阿家阿翁[3]；得亲顺亲，方可为人为子。盖父愆[4]，名为干蛊[5]；育义子，乃曰螟蛉[6]。生子当如孙仲谋[7]，曹操羡孙权之语；生子须如李亚子[8]，朱温叹存勖之词。菽水承欢[9]，贫士养亲之乐；义方[10]是训，父亲教子之严。

【注释】

[1] 桥木：即乔木，枝叶高大挺拔。
[2] 梓木：一种落叶亚乔木，枝叶低俯。
[3] 阿家（gū）阿翁：指婆婆公公。
[4] 盖父愆：愆，过错。掩盖父亲的过错。
[5] 干蛊：《易经》中有"干父之蛊"，意为儿子能干好而父亲不能干好的事。

[6] 螟蛉：螺蠃常将螟蛉的幼虫捉去当食物，古人误以为螺蠃是将螟蛉收为义子，因此用螟蛉称义子。

[7] 生子当如孙仲谋：曹操称赞孙权说："生子当如孙仲谋，像刘表的那些儿子，都是猪狗。"

[8] 生子须如李亚子：李亚子：李存勖，小名亚子，五代后唐的开国皇帝。梁太祖朱温曾感叹说："生子当如李亚子，我的儿子都是猪狗。"

[9] 菽（shū）水承欢：形容生活清苦。菽，豆类的总称。菽水，指豆和水，菲薄的饮食。

[10] 义方：处世的规矩，多指家教。

绍箕裘[1]，子承父业；恢先绪[2]，子振家声。具庆下[3]，父母俱存；重庆下[4]，祖父俱在。燕翼贻谋[5]，乃称裕后[6]之祖；克绳祖武[7]，是称象贤之孙。称人有令子，曰麟趾[8]呈祥；称宦有贤郎，曰凤毛济美[9]。弑父自立，隋杨广[10]之天性何存；杀子媚君，齐易牙[11]之人心奚在。

【注释】

[1] 绍箕裘：继承父辈的事业。《礼记·学记》中说："良冶之子，必学为裘；良弓之子，必学为箕。"后用箕裘比喻父辈的事业。

[2] 恢先绪：把先辈的事业发扬光大。

[3] 具庆下：古时填写履历，父母俱存，书"具庆下"；母亡父在，书"严侍下"；父亡母在，书"慈侍下"；父母俱亡，书"永感下"。

[4] 重庆下：指祖父母、父母都健在。

[5] 燕翼贻谋：像燕子用羽翼照顾乳燕一样给后代留下谋生之道。《诗经·大雅》："贻厥孙谋，以燕翼子。"

[6] 裕后：能让后代富裕。

[7] 克绳祖武：能继承祖辈的事业。克：能，胜任。绳：继承。《诗经·大雅》："昭兹来许，绳其祖武。"

[8] 麟趾：麒麟的脚趾，比喻宗室贵族的子弟。

[9] 凤毛：凤凰的毛，比喻先人的珍贵风采。
济美：继承先人的事业并发扬光大。

[10] 杨广：隋炀帝，据说他毒死自己的父亲隋

文帝，自立为皇帝。

[11] 易牙：战国时齐国人，善于烹饪，他把自己的儿子杀了，烹给齐桓公吃，从而得到桓公重用。

分甘以娱目[1]，王羲之弄孙自乐；问安惟点颔[2]，郭子仪厥孙最多。和丸教子[3]，仲郢母之贤；戏彩娱亲[4]，老莱子之孝。毛义捧檄[5]，为亲之存；伯俞泣杖[6]，因母之老。慈母望子，倚门倚闾[7]；游子思亲，陟岵陟屺[8]。

【注释】

[1] 分甘以娱目：王羲之曾写信给友人，说自己率子孙游玩，"有一味之甘，割而分之，以娱目前"。

[2] 问安惟点颔：唐代大将郭子仪有八子七婿，孙子也有数十个，每次子孙问安，他都不能分辨，只是点头而已。

[3] 和丸教子：唐朝柳仲郢的母亲教子有方，她用熊胆和成丸子，让儿子在夜间读书时嚼食，用以提神。

[4] 戏彩娱亲：春秋时楚国的隐士老莱子七十多岁时还穿着五彩衣，学婴儿啼哭，假装跌倒，逗双亲高兴。

[5] 毛义捧檄：东汉的毛义为了养活母亲，接受檄书去做官。母亲过世后，他就辞官回家。

[6] 伯俞泣杖：汉代人韩伯俞是位孝子，一次他犯了过错，母亲拿棍子打他，他哭起来，母亲问他以前为何不哭，他答曰："他日俞得罪，笞尝痛。今母之力衰，不能使痛，是以泣也。"

[7] 倚门倚闾：比喻长辈对子女的盼望和爱护。战国时，王孙贾在齐湣王身边做侍臣，湣王因乱出走，下落不明。王孙贾回家，母亲对他说："你平时如若晚归，我倚门而望；你晚上出去不回来，我倚闾而望。你既然是大王的侍臣，竟然不知道他去哪儿了，那你还回家干什么？"

[8] 陟岵（hù）陟屺（qǐ）：登上有草木的山瞻望父亲，登上无草木的山瞻望母亲。陟，由低处向高处攀登。岵，有草木的山。屺，无草木的山。

爱无差等,曰兄子如邻子;分有相同,曰吾翁即若翁。长男为主器[1],令子可克家[2]。子光前曰充闾[3],子过父曰跨灶[4]。宁馨[5]英畏[6],皆是羡人之儿;国器[7]掌珠[8],悉是称人之子。可爱者子孙之多,若螽斯之蛰蛰[9];堪羡者后人之盛,如瓜瓞之绵绵[10]。

【注释】

[1] 主器:掌管祭器,后代指长子或太子。

[2] 令子:称别人家的好儿子。克家:继承家业。

[3] 充闾:喜气充满门闾。据说晋代贾充出生时,他父亲认为他以后会带来有充满门闾的喜气,于是给他起名为充,字公闾。

[4] 跨灶:常用来形容儿子超过父亲。马的前蹄之上有空处,名为"灶门",骏马奔驰时,后蹄落地的印痕在前蹄印痕之前,即为跨灶。

[5] 宁馨:即宁馨儿,意为"这样的孩子",常用来赞美孩子或子弟。

[6] 英畏:形容人英俊威武。

[7] 国器:国家的栋梁。

[8] 掌珠：掌上明珠，指极为疼爱的人。

[9] 螽（zhōng）斯之蛰蛰：比喻子孙之众。螽斯，蝈蝈。繁殖力强，善鸣。蛰蛰，众多。

[10] 瓜瓞（dié）之绵绵：比喻子孙繁衍，相继不绝。瓞，小瓜。《诗经》有"绵绵瓜瓞"。

兄 弟

天下无不是底父母，世间最难得者兄弟。须贻[1]同气之光，毋伤手足之雅。玉昆金友，羡兄弟之俱贤；伯埙仲篪[2]，谓声气之相应。兄弟既翕[3]，谓之花萼[4]相辉；兄弟联芳，谓之棠棣竞秀。患难相顾，似鹡鸰[5]之在原；手足分离，如雁行[6]之折翼。

【注释】

[1] 贻：给，借助。
[2] 伯埙仲篪（chí）：兄长吹埙，兄弟奏篪，音声相和。形容兄弟和睦相处。《诗经·小雅·何人斯》："伯氏吹埙，仲氏吹篪。"埙，一种用陶土烧制的吹奏乐器。篪，古时用竹管制成的乐器。
[3] 翕：和好，一致。
[4] 花萼（è）、棠棣：比喻兄弟。
[5] 鹡鸰（jí líng）：一种鸟的名字，常用来比

喻兄弟。《诗经·小雅·常棣》："鹡鸰在原，兄弟急难。"
[6] 雁行：像大雁一样并行，引申为有次序的排列，常用来借指兄弟。

元方、季方[1]俱盛德，祖太邱称为难弟难兄；宋郊、宋祁[2]俱中元[3]，当时人号为大宋小宋。荀氏兄弟，得八龙[4]之佳誉；河东伯仲，有三凤[5]之美名。东征破斧[6]，周公大义灭亲；遇贼争死[7]，赵孝以身代弟。煮豆燃萁[8]，谓其相害；斗粟尺布[9]，讥其不容。

【注释】

[1] 元方、季方：东汉陈实有子陈纪字元方、陈谌字季方，两人皆以才德著称。现用于讥讽两个人同样坏或者做事同样低劣。
[2] 宋郊、宋祁：北宋人，宋仁宗天圣二年（1024年），两人同时考中状元，时人称他们为"大宋小宋"。
[3] 中元：考中状元。
[4] 八龙：东汉的荀淑有八个儿子，都很有才能，时人称他们为荀氏八龙。

[5] 三凤：唐朝河东人薛收和堂兄薛元敬、族兄薛德音都很有名，被称为河东三凤。

[6] 东征破斧：周武王死后，周成王年幼，由周公摄政，武王的弟弟管叔和蔡叔不服，于是勾结外人发动叛乱。周公兴师东征，把斧子和刀都砍坏了，最后大义灭亲，杀掉了叛乱的管叔和蔡叔。

[7] 遇贼争死：西汉末年，战乱不断，饿殍遍野，人们以人为食。有一伙强盗抓住了赵孝的弟弟赵礼，要把他吃掉，赵孝知道后，把自己绑起来去见强盗，要代弟弟去死，强盗被赵孝的行为所感动，于是放了他们。

[8] 煮豆燃萁：比喻兄弟间互相残杀。

[9] 斗粟尺布：汉文帝的弟弟淮南王刘长谋反，事败后被流放到蜀地，绝食而死。百姓作歌曰："一尺布，尚可缝；一斗粟，尚可舂。兄弟二人不相容。"

兄弟阋[1]墙，谓兄弟之斗狠；天生羽翼，谓兄弟之相亲。姜家大被以同眠[2]，宋君灼艾而分痛[3]。田氏分财[4]，忽瘁庭前之荆树；夷齐让国[5]，共采首阳之蕨薇。虽曰安宁之日，不如友生[6]；其实凡今之人，莫如兄弟。

【注释】

[1] 阋（xì）：争吵，争斗。

[2] 大被以同眠：形容兄弟十分友爱。

[3] 灼艾而分痛：宋太祖之弟赵匡义一次病得厉害，太祖亲为其烧艾火治病。匡义感觉疼痛，太祖取艾自灼，以示分痛。喻兄弟友爱。

[4] 田氏分财：隋朝时有田真、田庆、田广兄弟三人，在各自妻子的鼓动下商议分家，并计划将堂前的紫荆树也一分为三。次日清晨，紫荆树开始枯萎，兄弟三人见状，深为感动，决定不再分家，从此和睦相处，紫荆树也重新枝繁叶茂。

[5] 夷齐让国：伯夷、叔齐是商朝孤竹君的两个儿子，孤竹君欲立叔齐为国君，但叔齐认为兄长伯夷比自己贤良，应该传位于伯夷。可是，伯夷人物自己不如叔齐，也拒绝继位。二人相让不下，于是一起离国，投奔周文王。当时文王已病

逝，武王正准备伐纣，伯夷、叔齐认为武王伐纣是不义之举，加以阻拦，后又不食周粟，采薇首阳山下，最终饿死。

[6] 友生：朋友。

夫　妇

孤阴则不生,独阳则不长,故天地配以阴阳;男以女为室,女以男为家[1],故人生偶以夫妇。阴阳和而后雨泽降,夫妇和而后家道成。夫谓妻曰拙荆,又曰内子;妻称夫曰藁砧[2],又曰良人。贺人娶妻,曰荣偕伉俪;留物与妻,曰归遗细君。受室即是娶妻,纳宠[3]谓人娶妾。正妻谓之嫡[4],众妾谓之庶。称人妻曰尊夫人,称人妾曰如夫人。结发系是初婚,续弦[5]乃是再娶。妇人重婚曰再醮[6],男子无偶曰鳏居。

【注释】

[1] 室、家:古代夫妻之间互称。

[2] 藁砧(gǎo zhēn):妇女称丈夫之隐语。

[3] 宠:爱。

[4] 嫡:古指正妻或正妻所生的儿子。

[5] 续弦:古代用断弦比喻丧妻,续弦指

再娶。

[6] 醮（jiào）：古代举行婚礼时酌酒给人的一种仪式，后来指女子嫁人。

如鼓瑟琴，夫妻好合之谓；琴瑟不调，夫妇反目之词。牝鸡司晨[1]，比妇人之主事；河东狮吼[2]，讥男子之畏妻。杀妻求将[3]，吴起何其忍心；蒸梨出妻[4]，曾子善全孝道。张敞为妻画眉[5]，媚态可哂；董氏为夫封发[6]，贞节堪夸。冀郤缺[7]夫妻，相敬如宾；陈仲子[8]夫妇，灌园食力。

【注释】

[1] 牝（pìn）鸡司晨：母鸡打鸣报晓，常用来比喻妇女掌握朝政。牝，雌。
[2] 河东狮吼：形容妻子凶悍。
[3] 杀妻求将：战国时齐国攻打鲁国，鲁国想起用吴起为将，但又担心吴起的妻子是齐国人，于是吴起杀掉自己的妻子，取得了鲁国的信任。
[4] 蒸梨出妻：相传曾参对后母非常孝顺，一次他的妻子给后母吃的梨没有蒸熟，曾

参就把妻子休了。

[5] 张敞为妻画眉：汉宣帝时的京兆尹张敞与妻子恩爱情笃，每天都为他的妻子画眉毛，而且技艺十分娴熟。宣帝将他们树为夫妻恩爱的典范。

[6] 董氏为夫封发：唐朝人贾直言被贬岭南，生死难料，他劝妻子改嫁，妻子执意为他守节，并将头发用帛封起来。二十年后贾直言回家，董氏的头发依然封包如故。

[7] 冀郤缺：郤缺与妻子躬耕于冀野。二人相敬如宾，被晋文公任命为下军大夫。

[8] 陈仲子：名定，也叫陈仲、田仲、於陵子仲等，是战国时的著名贤士，他不愿做官，为人灌园，自食其力。

不弃糟糠[1]，宋弘回光武之语；举案齐眉[2]，梁鸿配孟光之贤。苏蕙织回文[3]，乐昌分破镜[4]，是夫妇之生离；张瞻炊臼梦[5]，庄子鼓盆歌[6]，是夫妇之死别。鲍宣之妻，提瓮出汲[7]，雅得顺从之道；齐御之妻，窥御激夫[8]，可称内助之贤。

【注释】

[1] 糟糠：光武帝刘秀想把自己的姐姐嫁给宋弘，让宋弘休了他的妻子。宋弘回答说："贫贱之交不可忘，糟糠之妻不下堂。"婉言谢绝了光武帝的"美意"。

[2] 举案齐眉：形容夫妻互相尊敬。

[3] 苏蕙织回文：十六国时前秦刺史窦滔因罪被遣戍流沙，其妻苏蕙织《回文璇图诗》赠给他。

[4] 乐昌分破镜：南朝陈灭亡时，乐昌公主与丈夫徐德言将铜镜一分为二，各执一半，作为将来相认的信物。后来他们果然破镜重圆。

[5] 炊臼梦：张瞻梦见在舂米的臼中煮饭，就找王生解梦。王生说，臼中无釜，是"无妇"的意思，他的妻子可能已经亡故了。张瞻回家一看，果然如此。

[6] 鼓盆歌：庄子的妻子死后，他不仅不悲伤，而且敲着盆唱歌。

[7] 提瓮出汲：东汉鲍宣清苦好学，他的老师把女儿许配给他，妆奁甚盛。鲍宣对妻子说："吾实贫贱，不敢当礼。"他的妻子

就换上粗布衣裳，跟他一起推车回家。拜见公婆后，他的妻子就提着瓦罐出去打水。

[8] 窥御激夫：齐国丞相晏子的车夫的妻子，一次见到丈夫为晏子驾车，洋洋自得，就对他说："晏子不过六尺高，就做了齐国丞相，你身高八尺，做驾车的奴仆，是安于贫贱罢了。"于是车夫注意修身，谦虚向学，后来晏子推荐他做了大夫。

可怪者买臣之妻，因贫求去，不思覆水难收[1]。可丑者相如之妻，夤夜[2]私奔，但识丝桐有意[3]。要知身修而后家齐，夫义自然妇顺。

【注释】

[1] 覆水难收：汉会稽太守朱买臣，未入仕时穷困不堪，靠卖柴度日。相传他的妻子嫌他穷困离他而去。在买臣为官之后，以前的妻子又来找他，希望重归于好。买臣以泼出去的水不可能再收回来为由拒绝了她。

[2] 夤（yín）夜：深夜。

[3] 丝桐有意：西汉时临邛大户卓王孙邀请临

邛令、司马相如等宴饮。当时卓王孙的女儿卓文君新寡在家,司马相如佯装应临邛令之请,用丝桐做的琴弹奏《凤求凰》以暗示卓文君。文君听后动情,就连夜与司马私奔,去了成都。

叔 侄

　　曰诸父、曰亚[1]父,皆叔父之辈;曰犹子、曰比[2]儿,俱侄儿之称。阿大中郎,道韫雅称叔父;吾家龙文,杨素比美侄儿。乌衣诸郎君,江东称王谢之子弟;吾家千里驹,苻坚羡苻朗为侄儿。竹林[3]叔侄之称,兰玉[4]子侄之誉。存侄弃儿,悲伯道之无后;视叔犹父,羡公绰之居官。卢迈无儿,以侄而主身之后;张范遇贼,以子而代侄之生。

【注释】

[1] 亚:次。

[2] 比:并。

[3] 竹林:晋代"竹林七贤"中阮咸、阮籍是叔侄,故称叔侄为贤竹林。

[4] 兰玉:指芝兰、玉树。喻指有出息的子弟。源于东晋时谢玄回答其叔谢安的问话。

师 生

马融设绛帐[1]，前授生徒，后列女乐[2]；孔子居杏坛，贤人七十，弟子三千。称教馆曰设帐，又曰振铎[3]；谦教馆曰糊口，又曰舌耕[4]。师曰西宾[5]，师席曰函丈[6]；学曰家塾，学俸曰束脩[7]。桃李在公门，称人弟子之多；苜蓿长阑干，奉师饮食之薄。

【注释】

[1] 绛帐：红色的帷帐。
[2] 后列女乐：汉人马融曾经设立帷帐，前面讲课，后面设立女乐。
[3] 振铎：摇动铃铛。《尚书》中载，古代每年奏派人摇动铃铛一路上进行教化，故用振铎指教育。
[4] 舌耕：用口舌授课换取粮食，即以教书谋生。
[5] 西宾：主人坐东面，老师坐西面，故称

西宾。

[6] 函丈：古时讲学者与听讲者座席之间相距一丈。后用函丈指代讲学的座席。

[7] 束脩：送给老师的报酬。脩，古时指干肉。

　　冰生于水而寒于水，比学生过于先生；青出于蓝而胜于蓝，谓弟子优于师傅。未得及门，曰宫墙外望；称得秘授，曰衣钵真传。人称杨震[1]为关西夫子，世称贺循[2]为当世儒宗。负笈千里，苏章[3]从师之殷；立雪程门，游杨[4]敬师之至。弟子称师之善教，曰如坐春风之中；学业感师之造成，曰仰沾时雨[5]之化。

【注释】

[1] 杨震：字伯起，东汉弘农华阴人。他通晓经传，博览群书，但不愿做官，一生以设塾授徒为己任，学生多达数千人，可以和孔子相媲美，当时人称"关西夫子"。

[2] 贺循：字彦先，魏晋时人。他博览群籍，尤精礼传，朝廷有难题的时候就去问他，他都能依经书而回答，时人称他是

"当世儒宗"。

[3] 苏章：西汉北海人，曾经背着书箱不远万里寻找老师。

[4] 游杨：指游酢和杨时，都是程颐的学生。他们初次去拜见程颐时，程颐正闭目休息，于是二人就侍立在门外，当程颐发现他们的时候，门外的雪已经一尺多深了。

[5] 时雨：合时令的雨。

朋友宾主

取善[1]辅仁[2]，皆资[3]朋友；往来交际，迭[4]为主宾。尔我同心，曰金兰[5]；朋友相资，曰丽泽。东家曰东主，师傅曰西宾。父所交游，尊为父执[6]；己所共事，谓之同袍[7]。心志相孚[8]为莫逆，老幼相交曰忘年。刎颈交，相如与廉颇；总角[9]好，孙策与周瑜。

【注释】

[1] 善：长处。
[2] 仁：仁义。
[3] 资：凭借，依靠。
[4] 迭：交替，轮流。
[5] 金兰：《易·系辞上》载，"二人同心，其利断金；同心之言，其臭如兰。"形容志同道合的人，后来则引申为异姓兄弟之间的结拜。
[6] 执：至交，好友。

[7] 同袍：同穿一条战袍的战友，后来多比喻特别有交情，关系十分密切的人。

[8] 孚：相应，符合。

[9] 总角：古代儿童将头发梳成一个向上的小辫，这里指童年时代。

胶漆相投[1]，陈重之与雷义[2]；鸡黍之约[3]，元伯之与巨卿。与善人交，如入芝兰之室[4]，久而不闻其香；与恶人交，如入鲍鱼之肆[5]，久而不闻其臭。肝胆相照[6]，斯为腹心[7]之友；意气不孚[8]，谓之口头之交[9]。彼此不合，谓之参商[10]；尔我相仇，如同冰炭[11]。民之失德，干糇以愆[12]；他山之石，可以攻玉[13]。落月屋梁[14]，相思颜色[15]；暮云春树[16]，想望丰仪[17]。

【注释】

[1] 胶漆相投：比喻情投意合，如胶似漆，亲密而无间。

[2] 陈重、雷义：东汉人。雷义、陈重分别举茂才和孝廉，二人先是互相谦让，太守和刺史都不同意，最后二人同拜尚书

郎。所以人们称他们的关系就像胶漆一样坚固。
[3] 鸡黍之约：表示朋友间的信义与深情。
[4] 芝兰之室：比喻贤士所居的地方。
[5] 鲍鱼之肆：比喻恶人所聚集的地方。鲍鱼，腌鱼。
[6] 肝胆相照：比喻朋友之间以诚相待。肝胆则比喻真诚的心。
[7] 腹心：推心置腹的朋友。
[8] 意气不孚：志趣不相同。不孚，不信任。
[9] 口头之交：表面相交，实际上很没诚意。
[10] 参商：见p9注。
[11] 冰炭：比喻二者不能相容。
[12] 民之失德，干糇（hóu）以愆：意为人们如果道德都沦丧了，一块干粮这样一件小事情在朋友间也会引来纠纷。干糇，干粮。愆，差错，失误。
[13] 他山之石，可以攻玉：比喻能帮助自己改正缺点的外力，一般指朋友。
[14] 落月屋梁：唐代李白曾被流放到夜郎。杜甫写《梦李白两首》其中有"落月屋满梁"的诗句。

[15] 颜色：指面容。
[16] 暮云春树：杜甫的《春日忆李白》中有这样的诗句，"渭北春天树，江东日暮云。"
[17] 丰仪：仪表。

　　王阳在位，贡禹[1]弹冠以待荐；杜伯非罪，左儒[2]宁死不徇君。分首[3]判袂[4]，叙别之辞；拥彗扫门，迎迓之敬。陆凯折梅逢驿使，聊寄江南一枝春[5]；王维折柳赠行人，遂唱《阳关三叠》曲。频来无忌，乃云入幕[6]之宾；不请自来，谓之不速之客。醴酒不设，楚王戊待士之意怠[7]；投辖于井，汉陈遵留客之心诚[8]。

【注释】

[1] 王阳、贡禹：汉人，二人是挚友。王阳担任益州刺史，贡禹就弹冠相庆，等待他推荐自己。
[2] 杜伯、左儒：周宣王时人。周宣王无故杀杜伯，左儒力争，后杜伯被杀，左儒也跟着死了。

［3］分首：分头。

［4］判袂（mèi）：握在一起的袖子分开。

［5］陆凯折梅逢驿使，聊寄江南一枝春：晋陆凯赋诗寄与范晔："折梅逢驿使，寄与陇头人。江南无所有，聊寄一枝春。"

［6］幕：指帷帐。

［7］楚王戊待士之意怠：楚元王与穆生交情很好，穆生不喜欢喝酒，但元王每次设宴都为他准备甜酒。后楚王戊继位，忘了准备甜酒，穆生说："可以离去了。"

［8］汉陈遵留客之心诚：汉代陈遵每次宴请宾客，总是把客人的车辖投入井中，不让客人走。

蔡邕倒屣以迎宾，周公握发而待士。陈蕃器重徐稚，下榻[1]相延；孔子道遇程生，倾盖[2]而语。伯牙绝弦失子期，更无知音之辈；管宁割席拒华歆[3]，谓非同志之人。分金多与，鲍叔独知管仲之贫；绨袍垂爱[4]，须贾深怜范叔之窘。要知主宾联以情，须尽东南之美[5]；朋友合以义，当展切偲之诚[6]。

【注释】

[1] 下榻：汉代豫章太守陈蕃很器重隐士徐稚，专设一个坐榻接待他。

[2] 倾盖：车盖接在一起。

[3] 割席拒华歆：《世说新语·德行》记载，东汉末年，管宁与华歆同席读书。一次，有人乘坐轩车经过门前，管宁读书如故，而华歆却放下书跑出去看。管宁于是将席子割成两半，说："你不是我要的朋友。"从此与华歆分开坐。后来用"割席"指朋友绝交。

[4] 绨袍垂爱：《史记·范雎蔡泽列传》记载战国时范雎曾受须贾陷害，惨遭毒打，几乎死去，后改名张禄逃到秦国担任相国。须贾出使秦国，范雎破衣去见，须贾送他一件绨袍。第二天，须贾才发现范雎已担任秦国相国，于是肉袒谢罪。范雎因为须贾赠予绨袍，恋恋有故人之意，所以便宽释了他。后来用"绨袍情"来比喻不忘贫寒旧友。

[5] 尽东南之美：出自《滕王阁序》中"宾主尽东南之美"一句。意思是说宾主全都

是东南地区优秀的人士。
[6] 展切偲之诚:以诚相待,表示互相切磋、勉励的诚意。

婚 姻

良缘由夙缔[1]，佳偶自天成。蹇修与柯人[2]，皆是媒妁[3]之号；冰人与掌判，悉是传言之人。礼须六礼[4]之周，好合二姓之好。女嫁曰于归，男婚曰完娶。

【注释】

[1] 夙：早。缔：结。
[2] 蹇（jiǎn）修、柯人：媒人的别称。
[3] 媒妁（shuò）：媒人。
[4] 六礼：指纳采、问名、纳吉、纳征、请期、亲迎等六种礼节。

婚姻论财，夷虏[1]之道；同姓不婚，周礼则然。女家受聘礼，谓之许缨[2]；新妇谒祖先，谓之庙见。文定纳采，皆为行聘之名；女嫁男婚，谓了子平[3]之愿。聘仪曰雁币[4]，卜妻曰凤占。成婚之日曰星期[5]，传命之人曰月老。下采即是纳币,合卺[6]系是交杯。

【注释】

[1] 夷虏:古代指边缘落后的民族。

[2] 缨:绳子。女子同意嫁人,就系上一条绳子,表示已有归属。

[3] 子平:汉代人向长,字子平。向长研究《易经》,很想进山修行。在女儿出嫁、儿子娶妻之后就去五岳名山游览,再也没有回来。

[4] 雁币:因为雁不再次寻偶,故将聘礼曰雁币。

[5] 星期:《诗经》中有"三星在天"的句子描写结婚的晚上,后来把结婚的日子叫作星期。

[6] 卺(jǐn):古代结婚时用的酒器。

　　执巾栉,奉箕帚,皆女家自谦之词;娴姆[1]训,习《内则》,皆男家称女之说。绿窗是贫女之室,红楼[2]是富女之居。桃夭谓婚姻之及时,摽梅[3]谓婚期之已过。御沟题叶[4],于祐始得宫娥;绣幕牵丝[5],元振幸获美女。

汉武与景帝论妇,欲将金屋贮娇[6];韦固[7]与月老论婚,始知赤绳系足。

【注释】

[1] 姆:古代指能以妇道教人的老妇。
[2] 红楼:白居易有诗"绿窗贫家女,衣上无珍珠,红楼富家女,金缕绣罗襦"。
[3] 摽(biào)梅:《诗经》有"桃之夭夭"歌颂女子出嫁,又有"摽有梅,其实七兮"写女子已到了出嫁的年龄。摽,落下。
[4] 御沟题叶:唐代人于祐曾在皇宫水沟中拾到一片有宫女题诗的树叶,于祐也题诗让树叶漂回宫中,后来皇帝放宫女出嫁,于祐与娶回的宫女一谈,才知正是那位与自己互相题诗的宫女。
[5] 绣幕牵丝:唐代宰相张嘉贞对荆州都督郭元振说:"我有五个女儿,各拿着一根丝在幕后,你牵到谁,就让她嫁给你。"结果郭元振得到他的三女儿。
[6] 金屋贮娇:汉武帝小时候曾说:"如果得到阿娇(武帝的姑姑长公主的女儿),将建造金屋给她住。"

[7] 韦固：唐人，曾遇见一个老人在月光下指着布囊说："这里装的是红绳子，用来拴夫妻的脚。"

朱陈一村而结好[1]，秦晋[2]两国以联姻。蓝田种玉[3]，雍伯之缘；宝窗选婿[4]，林甫之女。架鹊桥以渡河，牛女相会；射雀屏[5]而中目，唐高得妻。至若礼重亲迎[6]，所以正人伦之始；《诗》首好逑，所以崇王化之原[7]。

【注释】

[1] 朱陈一村而结好：《事文类聚》载，朱陈两姓，世代通婚。
[2] 秦晋：古代秦国和晋国世代结成婚姻。
[3] 蓝田种玉：《搜神记》载，杨雍伯给行人供水，有人送他一升菜籽说，种下去可以长出玉，也可以娶得好妇人。后杨果得玉，并以此为聘礼娶到徐氏女子。
[4] 宝窗选婿：晋代李林甫在墙上开一个暗窗，每有弟子来拜见，就让她的六个女儿在窗下自选女婿。
[5] 射雀屏：隋代窦毅画一孔雀在屏上选女

婿，结果李渊射中孔雀的眼睛，娶了他的女儿。

[6] 礼重亲迎：重视礼法亲自迎娶。

[7] 崇王化之原：尊崇君王教化的根本。

妇 女

男子禀乾之刚,女子配坤之顺。贤后称女中尧舜,烈女称女中丈夫。曰闺秀、曰淑媛,皆称贤女;曰阃[1]范、曰懿[2]德,并美佳人。妇主中馈[3],烹治饮食之名;女子归宁,回家省亲之谓。何谓三从,从父从夫从子;何谓四德,妇德妇言妇工妇容。周家母仪,太王有周姜,王季有太妊,文王有太姒;三代亡国,夏桀以妹喜,商纣以妲己,周幽以褒姒。兰蕙质,柳絮才[4],皆女人之美誉;冰雪心[5],柏舟操[6],悉霜妇之清声。

【注释】

[1] 阃(kǔn)范:女子的品德规范。

[2] 懿:美。

[3] 中馈:在家中准备食物。

[4] 柳絮才:晋代谢安曾问道:"下雪纷纷何所似?"侄儿谢朗说:"撒盐空中差可

拟。"侄女谢道韫说:"未若柳絮因风起。"谢安说:"柳絮才高不道盐。"

[5] 冰雪心:古代蒋顺怡有妻子周氏,蒋死后,周氏作诗"瑶池故冰雪,为妾做心肝",表示自己清白不再嫁的决心。

[6] 柏舟操:古代卫国孀妇共姜曾作诗"泛彼柏舟,在彼中河"表示自己不嫁的决心。

女貌娇娆,谓之尤物;妇容妖媚,实可倾城。潘妃[1]步朵朵莲花,小蛮[2]腰纤纤杨柳。张丽华[3]发光可鉴,吴绛仙秀色可餐。丽娟[4]气馥如兰,呵气结成香雾;太真[5]泪红于血,滴时更结红冰。孟光[6]力大,石臼可擎;飞燕[7]身轻,掌上可舞。

【注释】

[1] 潘妃:南齐东昏侯曾经凿金为莲花,贴在地上,让潘妃在上面行走,称为步步生莲。

[2] 小蛮:白居易的妾,善舞。

[3] 张丽华:陈后主的妃子。

[4] 丽娟:汉武帝的宫女,玉肤柔软,吹气如兰。

[5] 太真：即杨贵妃。

[6] 孟光：汉代梁鸿之妻。

[7] 飞燕：即赵飞燕，汉成帝的妃子。

至若缇萦[1]上书而救父，卢氏[2]冒刃而卫姑，此女之孝者；侃母截发[3]以延宾，村媪[4]杀鸡而谢客，此女之贤者；韩玖英[5]恐贼秽而自投于秽，陈仲[6]妻恐陨德而宁陨于崖，此女之烈者；王凝[7]妻被牵，断臂投地，曹令[8]女誓志，引刀割鼻，此女之节者。

【注释】

[1] 缇萦（tí yíng）：汉代淳于意的女儿，自愿入官当奴隶，赎父亲的罪。

[2] 卢氏：唐代郑义宗的妻子，在强盗打劫时，冒着被打死的危险保护婆婆。

[3] 侃母截发：晋代陶侃的母亲剪发换钱招待客人。

[4] 村媪：村妇。传说汉武帝微服私访，晚上到柏谷村，人们以为是盗贼，村中有一老妇却说："来客不是寻常人。"于是杀鸡表示歉意。

[5] 韩玖英：唐代妇女韩玖英恐怕被强盗抓住
受辱，跳入粪坑中弄脏身体，强盗就放
过了她。
[6] 陈仲：唐代人。他的妻子张氏与两个嫂子
遇到强盗，恐怕受辱，就跳崖而死。
[7] 王凝：五代人王凝的妻子手臂被店主人抓
住过，就用斧头自断手臂。
[8] 曹令：夏侯文宁之女，名令，嫁给曹文叔，
守寡后用刀割鼻以示自己不再嫁的决心。

曹大家[1]续完《汉》帙[2]，徐惠妃[3]援笔成文，此女之才者；戴女[4]之练裳竹笥，孟光之荆钗裙布，此女之贫者；柳氏[5]秃妃之发，郭氏[6]绝夫之嗣，此女之妒者；贾女[7]偷韩寿之香，齐女[8]致祅[9]庙之毁，此女之淫者；东施效颦[10]而可厌，无盐刻画以难堪，此女之丑者。自古贞淫各异，人生妍[11]丑不齐。是故生菩萨、九子母、鸠盘荼，谓妇态之更变可畏；钱树子、一点红、无廉耻，谓青楼之妓女殊名。此固不列于人群，亦可附之以博笑。

【注释】

[1] 曹大家：班昭，班固、班超的妹妹，嫁曹世叔，早寡，接续完成了班固著的《汉书》。皇帝称赞她为曹大家。

[2] 帙（zhì）：书，书套。

[3] 徐惠妃：徐孝德的女儿，名惠，八岁提笔成文，后为唐太宗的妃子。

[4] 戴女：东汉戴良的女儿出嫁，都只用白布衣服竹箱作为嫁妆。

[5] 柳氏：指唐代任环的妻子柳氏。柳氏要将皇帝赏给任环的两个美女头发扯掉，皇帝于是让这两名美妇另室而居。

[6] 郭氏：晋代贾充的妻子郭氏生了孩子，请乳母抚养，贾充看望儿子，郭氏以为贾充与乳母有私情，就鞭杀乳母，结果儿子因为思念乳母而死。

[7] 贾女：贾充的女儿偷皇帝赐给贾充的香送给韩寿，与他私通，后贾充将女儿嫁给了韩寿。

[8] 齐女：北齐公主与乳母的儿子相约在祆庙中相会，乳母的儿子先到，睡着了，公主来后，将小时候两人同玩的玉环丢在

乳母儿子身上，乳母的儿子醒来后，怒火中烧，就放一把火将祆庙烧掉了。

[9] 祆(xiān)：一种宗教。

[10] 东施效颦：美女西施因病皱眉，显得更美。邻里丑女东施模仿西施，也皱起眉头，结果显得更丑。比喻不顾具体条件，不加分析地胡乱摹仿别人，结果适得其反，显得可笑。效，模仿。颦，皱眉头。

[11] 妍：美丽。

外　戚

　　帝女乃公侯[1]主婚，故有公主之称；帝婿非正驾之车，乃是驸马[2]之职。郡主县君[3]，皆宗女之谓；仪宾国宾[4]，皆宗婿之称。旧好曰通家[5]，好亲曰懿戚。冰清玉润[6]，丈人女婿同荣；泰水泰山，岳母岳父两号。新婿曰娇客，贵婿曰乘龙，赘婿曰馆甥，贤婿曰快婿。

【注释】

[1] 公侯：皇帝的同宗。

[2] 驸马：原是官名，管理副驾之车，东晋以后专指皇帝之婿。

[3] 郡主县君：与天子同姓诸侯的女儿。

[4] 仪宾国宾：指与天子同姓诸侯的女婿，取其作王府宾客的意思。

[5] 通家：世代交好。

[6] 冰清玉润：晋代乐广和他的女婿卫玠都很有名声，被人们分别称赞为冰清、玉润。

凡属东床[1]，俱称半子。女子号门楣[2]，唐贵妃有光于父母；外甥称宅相[3]，晋魏舒期报于母家。共叙旧姻，曰原有瓜葛[4]之亲；自谦劣戚，曰忝[5]在葭莩之末。大乔小乔，皆姨夫之号；连襟连袂，亦姨夫之称。蒹葭依玉树，自谦借戚属之光；茑萝施乔松[6]，自幸得依附之所。

【注释】

[1] 东床：晋代郗鉴让门生到王导家去求亲，王导让他到东厢遍观王家子弟。门生回去报告说："王家的子弟都不错，只是有一个人躺在东床上，露着肚子，吃胡饼，像什么都没听见一样。"郗鉴说："这个人就是我的女婿。"原来东边床上的那个人就是王羲之。后用东床代指女婿。

[2] 门楣：门的横木，门面的意思。

[3] 宅相：住宅有好风水。晋代魏舒被外公宁氏抚养，人们称宁家住宅要出宝贵的外甥。

[4] 瓜葛：瓜藤，指辗转相连的亲戚关系。

[5] 忝：荣幸、自谦之词。

[6] 茑萝施乔松：茑草与女萝依附于松树上。茑、萝，寄生草。

老幼寿诞

不凡之子,必异其生[1];大德之人,必得其寿。称人生日,曰初度之辰;贺人逢旬[2],曰生申令旦。三朝洗儿,曰汤饼[3]之会;周岁试婴,曰晬盘[4]之期。男生辰曰悬弧[5]令旦,女生辰曰设帨[6]佳辰。贺人生子,曰嵩岳降神;自谦生女,曰缓急非益。生子曰弄璋,生女曰弄瓦[7]。梦熊梦罴[8],男子之兆;梦虺梦蛇[9],女子之祥。

【注释】

[1] 不凡之子,必异其生:古人认为不凡的人出生时有异象。
[2] 逢旬:逢十的生日。
[3] 汤饼:婴儿出生第三天要洗身,并招待亲友吃汤饼。
[4] 晬(zuì)盘:孩子满一岁,举行抓周仪式。
[5] 悬弧:古代生了男孩在门左挂一把弓。

[6] 设帨(shuì)：古代生了女孩在门右放一块佩巾。帨，佩巾。
[7] 弄璋、弄瓦：璋，玉器；瓦，纺锤。古代生儿子让他玩玉，生女儿让她玩纺锤。
[8] 罴(pí)：马熊或人熊。古代认为熊、罴是属阳的动物。
[9] 虺(huǐ)：蜥蜴或毒蛇。古代认为虺、蛇都是属阴的动物。

梦兰叶吉兆[1]，郑燕姞生穆公之奇；英物试啼声，晋温峤[2]知桓公之异。姜嫄生稷[3]，履大人之迹而有娠；简狄生契[4]，吞玄鸟之卵而叶孕。鳞吐玉书[5]，天生孔子之瑞；玉燕投怀[6]，梦孕张说之奇。弗陵太子[7]，怀胎十四月而始生；老子道君，在孕八十一年而始诞。晚年得子，调之老蚌生珠；暮岁登科，正是龙头[8]属老。

【注释】
[1] 梦兰叶吉兆：梦见兰叶属吉祥之兆。古代郑文公的妾梦见天使送她兰花，后来果然生下郑穆公。

[2] 温峤：晋代桓温一岁时，温峤听见他的哭声，就称赞他是奇才。

[3] 稷(jì)：后稷是古代农业的发明者，传说姜嫄踩了巨人的脚印后生下后稷。

[4] 契：舜时的大臣。相传简狄吞下一枚玄鸟蛋而生下契。

[5] 鳞吐玉书：传说孔子出生前，有麒麟吐出玉书，书上说："水精之子，继衰周而为素王。"

[6] 玉燕投怀：唐代张说的母亲梦见一只玉燕投入怀中，于是怀孕生下张说。

[7] 弗陵太子：汉武帝的太子刘弗陵。

[8] 龙头：状元是进士考试的第一名，称为龙头。

贺男寿曰南极星辉，贺女寿曰中天婺[1]焕。松柏节操，美其寿元[2]之耐久；桑榆晚景[3]，自谦老景之无多。矍铄称人康健，聩眊[4]自谦衰颓。黄发儿齿[5]，有寿之征；龙钟潦倒，年高之状。日月逾迈[6]，徒自伤悲；春秋几何，问人寿算。称少年曰春秋鼎盛[7]，羡高年曰齿德俱尊[8]。

【注释】

[1] 婺(wù)：婺星，即女星宿。故中天婺焕指贺女寿。

[2] 寿元：寿命和元气。

[3] 桑榆晚景：太阳余光照在桑树和榆树上的投影。

[4] 聩眊(kuì mào)：耳聋眼花。

[5] 黄发儿齿：指老人头发变黄，长出小儿一样的牙齿。

[6] 日月逾迈：指时光流逝。

[7] 春秋鼎盛：指年富力强的时候。

[8] 齿德俱尊：年龄和品德都高。

行年五十，当知四十九年之非[1]；在世百年，哪有三万六千日之乐。百岁曰上寿，八十曰中寿，六十曰下寿；八十曰耋[2]，九十曰耄[3]，百岁曰期颐。童子十岁就外傅[4]，十三舞勺，成童舞象[5]；老者六十杖于乡，七十杖于国，八十杖于朝。后生固为可畏，而高年尤是当尊。

【注释】

[1] 非：不足。

[2] 耋（dié）：七八十的年纪。

[3] 耄（mào）：大约七十至九十之间的年纪。

[4] 就外傅：到外面求学。

[5] 舞勺、舞象：乐舞的名字。

身 体

百体[1]皆血肉之躯，五官有贵贱之别。尧眉分八彩，舜目有重瞳[2]。耳有三漏[3]，大禹之奇形；臂有四肘[4]，成汤之异体。文王龙颜而虎眉，汉高斗胸而隆准[5]。孔圣之顶若芋[6]，文王之胸四乳。周公反握[7]，作兴周之相；重耳骈胁[8]，为霸晋之君。此皆古圣之英姿，不凡之贵品。

【注释】

[1] 百体：指身体的各器官。

[2] 八彩、重瞳：传说尧的眉毛有八种颜色，舜的眼中有两颗瞳仁，都是帝王之相。

[3] 三漏：三个耳孔。

[4] 四肘：四个肘关节。

[5] 斗胸：胸膛像斗一样。隆准：高鼻梁。

[6] 芋：芋艿，一种植物，俗名芋头。

[7] 反握：手掌柔软，可以反转过来握住自己

的手腕。
[8] 骈胁:胁骨连接在一起。

至若发肤不可毁伤,曾子常以守身为大;待人须当量大,师德贵于唾面自干[1]。谗口中伤,金可铄而骨可销;虐政诛求[2],敲其肤而吸其髓。受人牵制曰掣肘[3],不知羞愧曰厚颜。好生议论,曰摇唇鼓舌;共话衷肠,曰促膝谈心。怒发冲冠,蔺相如之英气勃勃;炙手可热,唐崔铉[4]之贵势炎炎。

【注释】
[1] 唾面自干:唐人娄师德认为度量应该大,别人唾面,应该让唾沫自干。
[2] 诛求:苛求。
[3] 掣肘:拉住胳膊,指为人阻挠。
[4] 崔铉:唐朝宰相,权势很大,时人谓之"炙手可热"。

貌虽瘦而天下肥,唐玄宗之自谓;口有蜜而腹有剑,李林甫[1]之为人。赵子龙一身都是胆,周灵王初生便有须。来俊臣[2]注醋于囚鼻,法外行凶;严子陵[3]加足于帝腹,忘其尊贵。久不屈兹膝,郭子仪尊居宰相;不为米折腰,陶渊明不拜吏胥。

【注释】

[1] 李林甫:唐宰相,很阴险,人称他口蜜腹剑。

[2] 来俊臣:唐武则天时的酷吏,惯用各种酷刑逼人招供。

[3] 严子陵:东汉严光,字子陵,是光武帝刘秀的好朋友。有一天光武帝与他同睡,他将脚伸到光武帝的肚子上。第二天太史报告天象说:"有客星侵犯帝星。"光武帝说:"那是我和严子陵同卧。"

　　断送老头皮,杨璞[1]得妻送之诗;新剥鸡头肉[2],明皇爱贵妃之乳。纤指如春笋,媚眼若秋波。肩曰玉楼,眼名银海;泪曰玉箸,顶曰珠庭。歇担曰息肩,不服曰强项。丁谓[3]与人拂须,何其谄也;彭乐[4]截肠决战,不亦勇乎。剜肉医疮,权济目前之急;伤胸扪足[5],计安众士之心。

103

【注释】

[1] 杨璞：宋代人，应皇帝之召到京城，他的妻子曾作诗为他送行，有"今日捉将官里去，这回断送老头皮"的诗句。

[2] 鸡头肉：水生植物鸡头莲的果实。唐明皇曾赞杨贵妃之乳像新剥的鸡头肉。

[3] 丁谓：宋代参政，曾为寇准擦掉须上的菜羹，寇准说："你是国家大臣，怎么为人拂须呢？"

[4] 彭乐：北齐人，与周文决战时被刺肠子流出，他将肠子截断再战。

[5] 伤胸扪足：汉高祖刘邦被项羽射伤胸部，为安定众心，刘邦捂住脚说："贼射中了我的脚趾。"

汉张良蹑足附耳[1]，东方朔洗髓伐毛[2]。尹继伦[3]，契丹称为黑面大王；傅尧俞[4]，宋后称为金玉君子。土木形骸[5]，不自妆饰；铁石心肠，秉性坚刚。叙会晤曰得挹芝眉[6]，叙契阔[7]曰久违颜范。请女客曰奉迓金莲，邀亲友曰敢攀玉趾。侏儒谓人身矮，魁梧称人貌奇。龙章凤姿[8]，廊庙之彦；獐头鼠目，草野之夫。

【注释】

[1] 蹑足附耳：韩信要刘邦封他为假齐王，刘邦非常生气，张良踩刘邦的脚，附在他耳边建议为大局着想，封韩信为真王。蹑，有意识地蹈踏。

[2] 洗髓伐毛：传说汉代东方朔遇见一黄须老人，老人说："我不吃饭九千年了，三千年洗一次骨髓，剥皮去一次毛。"

[3] 尹继伦：北宋大将，契丹人称他为"黑面大王"。

[4] 傅尧俞：宋代大臣，被称为"金玉君子"。

[5] 土木形骸：指人的身体像土木一样自然，不需修饰。

[6] 挹芝眉：唐代隐士元德秀，字紫芝，风度飘逸。房琯曾赞赏说："见紫芝眉宇，使人名利之心都尽。"

[7] 契阔：久别之意。

[8] 龙章凤姿：龙的外表，凤的姿态。

恐惧过甚,曰畏首畏尾;感佩不忘,曰刻骨铭心。貌丑曰不扬,貌美曰冠玉[1]。足跛曰蹒跚,耳聋曰重听。欺欺艾艾,口讷之称;喋喋便便,言多之状。可嘉者小心翼翼,可鄙者大言不惭。腰细曰柳腰,身小曰鸡肋。笑人齿缺,曰狗窦大开;讥人不决,曰鼠首偾事[2]。口中雌黄[3],言事而多改移;皮里春秋[4],胸中自有褒贬。

【注释】

[1] 冠玉:帽上的美玉。

[2] 偾(fèi)事:败事。

[3] 雌黄:古代用黄纸写字,有笔误,就用雌黄涂沫。后称乱发议论为信口雌黄。

[4] 皮里春秋:晋代人褚裒名声很大,桓彝说他"有皮里春秋"。意思是表面没有评论,胸中自有褒贬。

唇亡齿寒,谓彼此之失依;足上首下,谓尊卑之颠倒。所为得意,曰吐气扬眉;待人诚心,曰推心置腹。心荒曰灵台[1]乱,醉倒曰玉山[2]颓。睡曰黑甜,卧曰息偃。口尚乳臭,谓世人年少无知；三折其肱[3]，谓医士老成谙练[4]。西子捧心，愈见增妍；丑妇效颦，弄巧反拙。慧眼始知道骨，肉眼不识贤人。

【注释】

[1] 灵台：指心。

[2] 玉山：头。

[3] 三折其肱：指人三次折断手臂，就可成为良医。

[4] 谙练：熟练。

婢膝奴颜，谄容可厌；胁肩谄笑，媚态难堪。忠臣披肝，为君之药；妇人长舌，为厉[1]之阶。事遂心曰如愿，事可愧曰汗颜。人多言，曰饶舌，物堪食，曰可口。泽及枯骨，西伯[2]之深仁；灼艾分痛，宋祖之友爱。唐太宗为臣疗病，亲剪其须；颜杲卿[3]骂贼不辍，贼断其舌。

【注释】

[1] 厉：祸。

[2] 西伯：指周文王。周文王凿池沼得枯骨，

命令官吏埋葬。

[3] 颜杲卿：唐代常山太守，怒骂安禄山不住口，被割断舌头，喷血而死。

不较横逆，曰置之度外；洞悉虏情[1]，曰已入掌中。马良有白眉，独出乎众；阮籍作青眼，厚待乎人。咬牙封雍齿[2]，计安众将之心；含泪斩丁公[3]，法正叛臣之罪。掷果盈车，潘安仁[4]美姿可爱；投石满载，张孟阳[5]丑态堪憎。

【注释】

[1] 虏情：敌情。
[2] 雍齿：刘邦采纳张良的计策，封他最痛恨的部下雍齿为侯以安众将之心。
[3] 丁公：项羽的大将，项羽失败后，投奔刘邦，刘邦认为他为臣不忠，斩杀丁公。
[4] 潘安仁：晋代潘安仁貌美，每次出车，妇人爱慕他，都向他扔果子，装满了车。
[5] 张孟阳：张孟阳奇丑，每次出门，妇人就往他车上扔石头。

事之可怪，妇人生须；事所骇闻，男人诞子。求物济用，谓燃眉之急；悔事无成，曰噬[1]脐何及。情不相关，如秦越人之视肥瘠；事当探本，如善医者只论精神。无功食禄，谓之尸位素餐[2]；谫劣[3]无能，谓之行尸走肉。老当益壮，宁知白首之心；穷且益坚，不坠青云之志。一息尚存，此志不容少懈；十手所指[4]，此心安可自欺。

【注释】

[1] 噬：咬。

[2] 尸位素餐：古代祭祀时让一人端坐不动，充当祭主，称尸位。素餐，白吃饭。

[3] 谫劣：浅薄无能。

[4] 十手所指：被很多人的手指所指点。比喻个人的言论和行动总是在众人的监督之下，不允许做坏事，做了也不可能隐瞒。

衣　服

　　冠[1]称元服，衣曰身章。曰弁[2]曰冔[3]曰冕，皆冠之号；曰履曰舄曰屣[4]，悉鞋之名。上公命服有九锡[5]，士人初冠有三加[6]。簪缨[7]缙绅，仕宦之称；章甫缝掖[8]，儒者之服。布衣即白丁之谓，青衿[9]乃生员之称。

【注释】

[1] 冠：冠为帽子，戴在头上，头为元首，所以称元服。

[2] 弁（biàn）：古时的一种官帽，通常配礼服用。

[3] 冔（xú）：殷代的冠名。

[4] 履、舄（xì）、屣（xǐ）：上朝穿的叫履，祭祀穿的叫舄，宴会穿的叫屣。

[5] 九锡：君王赐的九种物品。

[6] 三加：士人行冠礼先行戴缁布冠，再戴皮弁，最后戴爵弁，称为三加。

[7] 簪缨：首笄和冠索，仕宦们固定帽子的饰物。
[8] 章甫缝掖：指孔子穿戴过的章甫冠和缝掖衣。
[9] 青衿：青领的衣服，是生员的装束。

　　葛屦[1]履霜，诮俭啬之过甚；绿衣黄里[2]，讥贵贱之失伦。上服曰衣，下服曰裳；衣前曰襟[3]，衣后曰裾[4]。敝衣曰褴褛，美服曰华裾。褴褛乃小儿之衣，弁髦[5]亦小儿之饰。左衽[6]是夷狄之服，短后是武夫之衣；尊卑失序，如冠履倒置；富贵不归，如锦衣夜行[7]。狐裘三十年，俭称晏子[8]；锦幛四十里，富羡石崇[9]。

【注释】

[1] 葛屦：草鞋。
[2] 绿衣黄里：绿是贱色，而反以为衣，黄是高贵之色，而反以为里，是贵贱颠倒。
[3] 襟：衣前幅。
[4] 裾：衣后幅。
[5] 弁髦：儿童头发垂下来，就要戴弁帽，称

为弁髦。
[6] 左衽(rèn)：衣襟开在左边。
[7] 锦衣夜行：晚上穿着锦绣的衣服行走。
[8] 晏子：齐相国，很俭朴。
[9] 石崇：晋代富豪，曾做五十里锦步障与王恺斗富。

孟尝君珠履三千客[1]，牛僧孺[2]金钗十二行[3]。千金之裘，非一狐之腋；绮罗之辈，非养蚕之人。贵者重裀叠褥[4]，贫者裋褐[5]不完。卜子夏甚贫，鹑衣百结[6]；公孙弘[7]甚俭，布被十年。南州冠冕，德操[8]称庞统之迈众；三河领袖，崔浩[9]羡裴骏之超群。

【注释】

[1] 珠履三千客：春秋时孟尝君手下三千门客都用珠装饰鞋，称为珠履客。
[2] 牛僧孺：唐朝宰相。
[3] 金钗十二行：指妻妾众多。
[4] 重裀叠褥：裀，同"茵"，坐垫。本句意为坐垫和褥子重重叠叠。喻指生活富足。
[5] 裋(shù)褐：粗毛布衣。

[6] 鹑(chún)衣百结：衣服上打满补丁，像挂着很多鹑鸟。
[7] 公孙弘：汉武帝时大臣，很俭朴。
[8] 德操：司马徽，字德操，东汉末人，曾称赞庞统为"南州冠冕"，即南州人士的领袖。
[9] 崔浩：北魏人。皇帝曾对崔浩说，裴骏是三河领袖。

虞舜制衣裳，所以命有德；昭侯藏敝袴，所以待有功。唐文宗袖经三浣[1]，晋文公衣不重裘[2]。衣履不敝，不肯更为，世称尧帝；衣不经新，何由得故，妇劝桓冲。王氏之眉帖花钿，被韦固之剑所刺；贵妃之乳服诃子[3]，为禄山之爪所伤。

【注释】
[1] 袖经三浣：唐文宗曾说："我这身衣服已洗过三次。"柳公权却说："皇帝应该考虑大事，不应考虑洗衣服这样的小事。"
[2] 衣不重裘：不穿两重裘皮的衣服，以示节俭。

[3] 服诃子：戴着胸衣。杨贵妃被安禄山抓伤了乳房，就绣了一件胸衣罩在乳房上。

姜氏翕和，兄弟每宵同大被；王章[1]未遇，夫妻寒夜卧牛衣。缓带轻裘，羊叔子[2]乃斯文主将；葛巾野服，陶渊明真陆地神仙。缊袍[3]不耻，志独超欤。

【注释】

[1] 王章：汉代人，家贫，曾病卧于牛衣（用麻或草织的给牛保暖的护被）中，哭着与妻诀别。妻子说："城中的人，谁能比得上你，为什么不振作起来，反而哭呢？"后来王章做了京兆尹。
[2] 羊叔子：晋代人羊祜，字叔子。任荆州都督时，穿着斯文，被称为斯文主将。
[3] 缊（yùn）袍：旧袍子。子路穿着缊袍，站在穿皮裘的人中间，不觉低人一等，孔子赞扬他的志向高。缊，用破棉、麻絮成的衣服。

卷 三

人　事

　　《大学》首重夫明新[1],小子莫先于应对。其容固[2]宜有度,出言尤贵有章[3]。智欲圆而行欲方,胆欲大而心欲小。阁下、足下,并称人之辞;不佞[4]、鲰[5]生,皆自谦之语。恕罪曰原宥[6],惶恐曰主臣[7]。大春元、大殿选、大会状,举人之称不一;大秋元、大经元、大三元,士人之誉多殊。

【注释】

[1] 明新:《大学》首章曰:"大学之道,在明德,在新民,在止于至善。"
[2] 固:本来。
[3] 章:章法。
[4] 佞(nìng):花言巧语谄媚。
[5] 鲰(zōu):小鱼也。
[6] 宥(yòu):宽待,宽容。
[7] 主臣:指臣对主上的恐惧之心。

大掾[1]史,推美吏员;大柱石[2],尊称乡宦。贺入学曰云程发轫[3],贺新冠曰元服初荣。贺人荣归,谓之锦旋[4];作商得财,谓之稇载[5]。谦送礼曰献芹[6],不受馈曰反璧。谢人厚礼曰厚贶[7],自谦礼薄曰菲仪。送行之礼,谓之赆[8]仪;拜见之赀[9],名曰贽[10]敬。贺寿仪曰祝敬,吊死礼曰奠仪。

【注释】

[1] 掾(yuàn):古代副官、佐吏的通称。
[2] 柱石:栋梁之意。
[3] 轫:车闸,发轫代指起程。
[4] 锦旋:锦绣而归。
[5] 稇(kǔn)载:东西装得满满的,形容收获极丰富。稇,用绳捆束。
[6] 献芹:指礼薄。
[7] 贶(kuàng):赏赐。
[8] 赆(jìn):临别时馈赠的财物。
[9] 赀:同"资"。
[10] 贽:古代初次求见人时赠送的礼物。

请人远归曰洗尘,携酒送行曰祖饯[1]。犒仆夫,谓之旌使[2];演戏文,谓之俳[3]优。谢人寄书,曰辱承华翰[4];谢人致问,曰多蒙寄声。望人寄信,曰早赐玉音;谢人许物,曰已蒙金诺。具名帖,曰投刺[5];发书函,曰开缄[6]。思慕久曰极切瞻韩[7],想望殷曰久怀慕蔺[8]。相识未真,曰半面之识;不期而会,曰邂逅之缘。

【注释】

[1] 祖饯:黄帝之子名祖,是行路之神,出行的人必定要祭祀他,所以送的人与行的人饮酒称为祖饯。

[2] 旌使:奖赏派来的使者。

[3] 俳:戏。

[4] 华翰:词章华美。

[5] 投刺:古代姓名都刺写在竹木之上,故称递送名帖为投刺。

[6] 缄:封。

[7] 瞻韩:唐代韩朝宗任荆州刺史,喜欢提拔人,李白曾说:"生不愿封万户侯,但愿一识韩荆州。"

[8] 慕蔺：蔺相如为赵国相国，汉司马相如慕其为人，故同其名。

登龙门得参名士；瞻山斗仰望高贤。一日三秋，言思慕之甚切；渴尘万斛[1]，言想望之久殷。睽违教命[2]，乃云鄙吝复萌[3]；来往无凭，则曰萍踪靡定。虞舜慕唐尧，见尧于羹，见尧于墙；门人学孔圣，孔步亦步，孔趋亦趋。曾经会晤，曰向获承颜接辞[4]；谢人指教，曰深蒙耳提面命[5]。

【注释】

[1] 渴尘万斛：心中很渴如生万斛尘埃，想望清水止渴。
[2] 睽（kuí）违教命：违背教诲。睽，不顺，乖离。
[3] 鄙吝复萌：庸俗的念头又发生了。鄙吝，庸俗。萌，发生。
[4] 承颜接辞：承蒙见面谈话。
[5] 耳提面命：附着耳朵指教，当面指示。

求人涵容，曰望包荒[1]；求人吹嘘，曰望汲引[2]。求人荐引，曰幸为先容；求人改文，曰望赐郢斫[3]。借重鼎言，是托人言事；望移玉趾，是浼[4]人亲行。多蒙推毂[5]，谢人引荐之辞；望为领袖，托人倡首之说。言辞不爽，谓之金石语；乡党公论，谓之月旦评[6]。逢人说项斯[7]，表扬善行；名下无虚士，果是贤人。

【注释】

[1] 包荒：包容宽广。

[2] 汲引：提拔引导。

[3] 郢斫：古代有则故事说郢人的鼻子上有白灰，匠人用斧子飞快地削去了白灰，却一点也没有伤到鼻子。后来表示请高人修改文章。

[4] 浼（měi）：央求，恳托。

[5] 毂（gǔ）：车轮中心的圆木，周围与车辐的一端相接，中有圆孔，可以插轴。

[6] 月旦评：东汉许劭和许靖喜欢评论乡里人物，每月换评论的题目。月旦，每月初一。

[7] 项斯：唐代人，为人清奇雅正，诗写得好。

党恶为非,曰朋奸;尽财赌博,曰孤注。徒了事,曰但求塞责;戒明察,曰不可苛求。方命[1]是逆人之言,执拗是执己之性。曰觊觎[2],曰睥睨[3],总是私心之窥望;曰侄偬[4],曰旁午[5],皆言人事之纷纭。小过必察,谓之吹毛求疵[6];乘患相攻,谓之落井下石。欲心难厌[7]如溪壑,财物易尽若漏卮[8]。

【注释】

[1] 方命:违背人的命令。
[2] 觊觎:希望非分地得到。
[3] 睥睨:斜视。
[4] 侄偬:多事,纷忙。
[5] 旁午:纵横纷杂。
[6] 吹毛求疵:吹开皮上的毛而故意挑剔毛病。疵,指小毛病。
[7] 厌:满足。
[8] 卮(zhī):古代一种盛酒器,圆形,容量四升。

望开茅塞[1],是求人之教导;多蒙药石[2],是谢人之箴规[3]。芳规芳躅[4],皆善行之可慕；格言至言，悉嘉言之可听。无言曰缄默，息怒曰霁[5]威。包拯寡色笑，人比其笑为黄河清；商鞅最凶残，尝见论囚而渭水赤。仇深曰切齿，人笑曰解颐[6]。人微笑曰莞尔，掩口笑曰胡卢。大笑曰绝倒，众笑曰哄堂。

【注释】

[1] 茅塞：被茅草所堵塞。

[2] 药石：医药和针砭石。

[3] 箴规：指规劝。箴，规劝，劝告。规，法度。

[4] 芳规芳躅（zhú）：好的法度、好的行为。躅，足迹。

[5] 霁：雨止为霁。

[6] 颐：腮。人笑的时候两颊张开，故称解颐。

留位待贤，谓之虚左[1]；官僚共署，谓之同寅[2]。人失信曰爽约，又曰食言；人忘誓曰寒盟[3]，又曰反汗[4]。铭心镂骨，感德难忘；结草衔环，知恩必报。自惹其灾，谓之解衣抱火；幸离其害，真如脱网就渊。两不相入，谓之枘凿[5];两不相投,谓之冰炭。彼此不合曰龃龉[6],欲进不前曰趑趄[7]。落落[8]不合之词,区区[9]自谦之语。

【注释】

[1] 虚左:古代左边为贵,故留出左边的位置等待贤人。

[2] 同寅:同在一个官署中。

[3] 寒盟:背盟。

[4] 反汗:出来的汗又反回去,是说话不算数的意思。

[5] 枘(ruì)凿:即圆凿方枘,喻格格不入。枘,榫头。凿,器物上的孔,是容纳榫头的。

[6] 龃龉:上下牙不合。

[7] 趑趄(zī jū):退缩不前。

[8] 落落:疏远的意思。

[9] 区区:小的意思。

竣者作事已毕之谓,醵[1]者敛财饮食之名。赞襄[2]其事,谓之玉成;分裂难完,谓之瓦解。事有低昂[3]曰轩轾[4],力相上下曰颉颃[5]。凭空起事曰作俑[6]，仍前踵弊曰效尤[7]。手口共作曰拮据[8]，不暇修容曰鞅掌[9]。手足并行曰匍匐，俯首而思曰低徊。

【注释】

[1] 醵(jù)：大家凑钱饮酒。
[2] 赞襄：帮助成全的意思。
[3] 低昂：低和高。
[4] 轩轾：轻重。
[5] 颉颃：鸟飞而上为颉，下为颃。
[6] 作俑：指开先例。孔子曾曰："始作俑者，其无后乎？"
[7] 效尤：效法坏的东西。
[8] 拮据：原指辛勤劳作，后引申为经济状况紧张。
[9] 鞅掌：劳苦而容貌不整的样子。

明珠投暗，大屈才能；入室操戈，自相鱼肉。求教于愚人，是问道于盲；枉道以干主[1]，是炫玉求售[2]。智谋之士，所见略同；仁人之言，其利甚溥[3]。班门弄斧，不知分量；岑楼[4]齐末，不识高卑。势延莫遏，谓之滋蔓难图[5]；包藏祸心，谓之人心叵测。

【注释】

[1] 枉道：歪道。干：求。
[2] 炫玉求售：就像炫耀宝玉想卖出去一样。
[3] 溥：大。
[4] 岑楼：岑楼是又高又尖的楼。孟子曾说，如果不顾楼的下面，只拿寸木去与楼尖相比，可以让方寸之木比岑楼还高。形容不知高低。
[5] 滋蔓难图：漫延难以应付。

作舍道旁，议论多而难成；一国三公，权柄分而不一。事有奇缘，曰三生[1]有幸；事皆拂意[2]，曰一事无成。酒色是耽[3]，如以双斧伐孤树；力量不胜，如以寸胶澄[4]黄河。兼听则明，偏听则暗，此魏征之对太宗；众怒难犯，专欲难成，此子产之讽子孔。欲逞所长，谓之心烦技痒；绝无情欲，谓之槁木[5]死灰[6]。座上有江南，语言须谨[7]；往来无白丁，交接皆贤。

【注释】

[1] 三生：佛教语，指人的前生、今生、来生。

[2] 拂意：不如意。

[3] 耽：沉溺。

[4] 澄：澄清。

[5] 槁木：枯木。

[6] 死灰：已冷了的灰。

[7] 座上有江南，语言须谨：唐郑谷诗云："座中亦有江南客，莫向清风唱《鹧鸪》。"这两句的意思是，江南人听了鹧鸪曲会思乡，席间如有江南客，说话唱曲要谨慎。

　　将近好处，曰渐入佳境；无端倨傲[1]，曰旁若无人。借事宽役[2]曰告假，将钱嘱托曰夤缘[3]。事有大利，曰奇货可居[4]；事宜鉴前，曰覆车当戒。外彼为此曰左袒[5]；处事两可曰模棱。敌甚易摧，曰发蒙振落；志在必胜，曰破釜[6]沉舟。曲突徙薪[7]无恩泽，不念豫防之力大；焦头烂额为上客，徒知救急之功宏。

【注释】

[1] 倨傲：不恭敬。

[2] 宽役：暂停工作。

[3] 夤（yín）缘：攀附上升。

[4] 奇货可居：指把少有的货物囤积起来，等待高价出售。也比喻拿某种专长或独占的东西作为资本，等待时机，以待谋利。

[5] 左袒：露出左胳膊。古代齐国有一个女子，两家来求亲，东家富而人丑，西家贫而人俊，父亲请女儿袒肩表示意愿，结果女儿袒开左右肩，说："愿意在东家吃饭而在西家睡觉。"

[6] 釜：行军做饭的锅。

[7] 曲突徙薪：有一个客人见主人家的烟囱直短而旁边有薪柴，建议将烟囱弯曲薪柴移开，以防失火，但没有被采纳。后来果然发生火灾，主人将救火被烧的焦头烂额的人奉为上宾，却忘记了提建议的人。比喻对提出的预防意见不重视。

　　贼人曰梁上君子，强梗曰化外顽[1]民。木屑竹头，皆为有用之物；牛溲[2]马渤[3]，可备药石之资。五经扫地，祝钦明[4]自亵斯文；一木撑天，晋王敦[5]未可擅动。题凤题午[6]，讥友讥亲之隐词；破麦[7]破梨，见夫见子之奇梦。毛遂片言九鼎，人重其言；季布一诺千金，人服其信。

【注释】

[1] 顽：愚顽。

[2] 牛溲：牛尿。

[3] 马渤：一种草，可入药。

[4] 祝钦明：唐睿宗时大臣，很有学问，长得很胖，在宴会上自请跳八风舞，丑态百出，斯文扫地。

[5] 王敦：晋代王敦谋反，梦见一木撑天，请许真君解梦，许言"一木撑天为未，不可妄动"。

[6] 题凤题午：凤，繁体字为"凡鸟"。午，牛字不出头。均含讽刺之意。

[7] 破麦：有一妇人兵乱中与夫及子分离，一天梦见磨麦，莲花落尽。一尼姑解梦说："磨麦见夫，莲花落而莲子出。"后来妇人果然见到丈夫和儿子。

岳飞背涅精忠报国，杨震[1]惟以清白传家。下强上弱，曰尾大不掉；上权下夺，曰太阿[2]倒持。当今之世，不但君择臣，臣亦择君；受命之主，不独创业难，守成亦不易。生平所为皆可对人言，司马光之自信；运用之妙惟存乎一心，岳武穆之论兵。不修边幅[3]，谓人不饰仪容；不立崖岸[4]，谓人天性和乐。

【注释】

[1] 杨震：汉代人，不为后代置地产，人称清白传家。
[2] 太阿：宝剑名。将太阿剑倒着拿在手上，意即将剑柄给别人。
[3] 边幅：借指衣饰。
[4] 立崖岸：站在山崖、岸边，指倨傲不合群。

蕞尔[1]么么[2]，言其甚小；卤莽灭裂[3]，言其不精。误处皆缘[4]不学，强作乃成自然。求事速成曰躐[5]等，过于礼貌曰足恭[6]。假忠厚者谓之乡愿[7]，出人群者谓之巨擘。孟浪[8]由于轻浮，精详出于暇豫[9]。为善则流芳百世，为恶则遗臭万年。过多曰稔恶[10],罪满曰贯盈[11]。尝见冶容诲淫,须知慢藏诲盗[12]。

【注释】

[1] 蕞(zuī)尔:小的样子。

[2] 幺么:细小。

[3] 灭裂:轻易。

[4] 缘:因为。

[5] 躐(liè):逾越。

[6] 足恭:巧言令色,过于恭敬。

[7] 乡愿:德行不好。

[8] 孟浪:轻率。

[9] 暇豫:从容考虑。

[10] 稔恶:积恶太多。

[11] 贯盈:如穿钱的线,已经贯满。

[12] 诲淫、诲盗:《易经》云:"慢藏诲盗,冶容诲淫。"意思是藏物不谨慎,如同教人为盗;修饰仪容,是教人为淫乱。

管中窥豹,所见不多;坐井观天,知识不广。无势可乘,英雄无用武之地;有道则见,君子有展[1]采[2]之思。求名利达,曰捷足先得；慰士[3]迟滞[4]，曰大器晚成。不知通变，曰徒读父书；自作聪明，曰徒执己见。浅见曰肤见，俗言曰俚言。识时务者为俊杰，昧[5]先几[6]者非明哲。村夫不识一丁，愚者岂无一得。

【注释】

[1] 展：舒展。
[2] 采：事业。
[3] 慰士：安慰士人。
[4] 迟滞：成就得晚。
[5] 昧：不明白。
[6] 几：细微的变化。

拔去一丁[1]，谓除一害；又生一秦[2]，是增一仇。戒轻言，曰恐属垣有耳[3]；戒轻敌，曰分谓秦无人。同恶相帮，调之助桀为虐[4]；贪心无厌，谓之得陇望蜀[5]。当知器满则倾，须知物极必反。喜嬉戏名为好弄，好笑谑谓之诙谐。逸口交加，市中可信有虎；众奸鼓衅，聚蚊可以成雷。

【注释】

[1] 拔去一丁：指丁谓。宋朝丁谓擅权，京城中歌谣云："欲得天下宁，拔去眼前丁。"

[2] 又生一秦：秦末陈胜派武臣安抚赵地，武臣自立为王，陈胜想攻打他，相国房君说："秦未亡而攻打武臣，是又生出一个秦朝。"意即又增加一个敌人。

[3] 属垣有耳：附墙窃听人言。属垣，指墙。

[4] 助桀为虐：桀为夏朝最后一个君主，为暴君。虐，残暴，干坏事。

[5] 得陇望蜀：曹操在得到汉中后有"人苦无足，既得陇，复望蜀"之言。指贪得无厌。

萋菲成锦[1]，谓谮人之酿祸；含沙射影[2]，言鬼蜮之害人。针砭[3]所以治病，鸩毒必至杀人。李义府阴柔害物，人谓之笑里藏刀；李林甫[4]奸诡谄人，世谓之口蜜腹剑。代人作事，曰代庖[5]；与人设谋，曰借箸[6]。见事极真，曰明若观火；对敌易胜，曰势若摧枯。

【注释】

[1] 萋菲成锦:《诗经》中有"萋兮菲兮,成是贝锦,彼谮人者,亦已太甚"的句子,意思是说花纹交错,织成像贝一样的锦,那些谮人说坏话,已经太过了。

[2] 含沙射影:传说中有一种叫蜮的动物,能含沙射人的影子,让人得病。

[3] 针砭:古代治病用的银针和砭石。

[4] 李义府、李林甫:均为唐朝宰相,狡险忌刻之人。

[5] 代庖:指代人做事。《庄子》:"庖人虽不治庖,尸祝不越樽俎而代之矣。"

[6] 借箸:借筷子,指代人筹划。张良在与刘邦吃饭时,向刘献计曰:"请借前箸,为大王筹之。"

汉武内多欲而外施仁义,廉颇先国难而后私仇。卧榻之侧,岂容他人鼾睡,宋太祖之语;一统之世,真是胡越一家[1],唐太宗之时。至若暴秦以吕易嬴[2],是嬴亡于庄襄之手;弱晋以牛易马[3],是马灭于怀愍[4]之时。

中宗亲为点筹于韦后,秽播千秋;明皇赐洗儿钱于贵妃,丑遗万代。

【注释】

[1] 胡越一家:唐太宗在未央宫设宴,命突厥可汗起舞、南蛮冯智戴咏诗,唐太宗笑着说:"胡越一家,自古未有也。"
[2] 以吕易嬴:以吕家的儿子换得嬴家的天下。吕不韦把一个怀了自己儿子的女子献给秦庄襄王,后生下嬴政,即后来的秦始皇。
[3] 以牛易马:晋代琅琊王妃与小吏牛金私通生下司马睿,就是晋元帝,虽然姓司马,实际是姓牛,故曰以牛易马。
[4] 愍(mǐn):抚养。

非类相从,不如鹑鹊[1];父子同牝[2],谓之聚麀[3]。以下淫上谓之烝,野合奸伦谓之乱。从来淑[4]慝[5]殊途,惟在后人法戒;欺世清浊异品,全赖吾辈激扬。

【注释】

[1] 鹑鹊：一种鸟，据说雌雄之间很忠诚。
[2] 牝（pìn）：雌兽。
[3] 麀（yōu）：牝鹿。父子同有一个女人，称为聚麀。
[4] 淑：善。
[5] 慝（tè）：恶。

饮 食

甘脆肥脓[1],命曰腐肠之药;羹藜[2]含糗[3],难语太牢[4]之滋。御食曰珍馐[5],白米曰玉粒。好酒曰青州从事,次酒曰平原督邮。鲁酒[6]茅柴[7],皆为薄酒;龙团雀舌,皆是香茗。待人礼衰,曰醴酒不设;款客甚薄,曰脱粟[8]相留。竹叶青、状元红,俱为美酒;葡萄绿、珍珠红,悉是香醪[9]。

【注释】

[1] 甘脆肥脓:指食物甜的、脆的、肥的、厚的。
[2] 藜:蓬蒿。
[3] 糗:米、麦等谷物。
[4] 太牢:古代祭祀社稷时用的牛、羊、猪三牲称太牢。
[5] 珍馐:珍奇美味的食物。
[6] 鲁酒:春秋时,楚国大会诸侯,鲁国献的

酒味道不好。

[7] 茅柴：指酒味道就像茅柴一样又苦又"硬"。

[8] 脱粟：没有舂过的米。

[9] 醪：酒的总称。

　　五斗解酲[1]，刘伶独溺于酒；两腋生风，卢仝偏嗜乎茶。茶曰酪奴，又曰瑞草；米曰白粲，又曰长腰。太羹玄酒[2]，亦可荐馨；尘饭涂羹[3]，焉能充饿。酒系杜康所造，腐[4]乃淮南所为。僧谓鱼曰水梭花，僧谓鸡曰穿篱菜。临渊羡鱼，不如退而结网；扬汤止沸，不如去火抽薪。羔酒自劳，田家之乐；含哺鼓腹[5]，盛世之风。

【注释】

[1] 酲（chéng）：酒后神智不清。

[2] 太羹玄酒：传说尧以肉汁作羹，没有盐等调味品，称为太羹。可以作为祭品。

[3] 尘饭涂羹：儿童游戏时用土做的饭和汤。

[4] 腐：豆腐。据说是西汉淮南王刘安发明的。

137

[5] 含哺鼓腹：含着食物敲着肚子，这是盛世的风气。

　　人贪食曰徒铺餟[1]，食不敬曰嗟来食。多食不厌，谓之饕餮[2]之徒；见食垂涎，谓有欲炙之色[3]。未获同食，曰向隅[4]；谢人赐食，曰饱德。安步[5]可以当车[6]，晚食[7]可以当肉。饮食贫难，曰半菽[8]不饱；厚恩图报，曰每饭不忘。谢扰人曰兵厨之扰，谦待薄曰草具之陈[9]。白饭青刍，待仆马之厚；炊金爨[10]玉，谢款客之隆。

【注释】

[1] 铺餟（bū chuò）：铺，吃。餟，古同"啜"，饮，吃。
[2] 饕餮（tāo tiè）：古代神话中贪吃的怪兽。一说饕指贪财，餮指贪吃。
[3] 欲炙之色：想吃肉的样子。晋代顾荣与同僚喝酒，看见送肉的人想吃肉的样子，就将自己的一份送给他吃了。
[4] 向隅：对着墙角。
[5] 安步：平和安稳地走路。

[6] 当车：像坐了车子一样舒服。

[7] 晚食：慢慢吃。

[8] 菽：豆子。

[9] 草具之陈：装蔬菜的餐具，指待客薄。《史记》载，项羽派遣使者到刘邦营中，陈平行反间计，开始上的是太牢之具，见到项羽的使者说："我还以为是范增的使者，原来是项羽派来的。"于是换上草具。

[10] 爨（cuàn）：烧火做饭。

家贫待客，但知抹月批风[1]；冬月邀宾，乃曰敲冰煮茗。君侧元臣[2]，若作酒醴之麴[3]糵[4]；朝中冢宰，若作和羹[5]之盐梅[6]。宰肉甚均[7]，陈平见重于父老；戛羹示尽[8]，邱嫂心厌乎汉高。毕卓为吏部而盗酒，逸兴太豪；越王爱士卒而投醪，战气百倍。

【注释】

[1] 抹月批风：抹、批，切菜的方式，细切为抹，薄切为批。把风月当作菜肴，表示家贫无以招待客人。苏东坡有"家无以

娱客,但知抹月批风"的诗句。
[2] 元臣:大臣。君主身边的大臣。
[3] 麹:同"曲",酒母。
[4] 蘖(niè):植物的芽。
[5] 和羹:调和羹汤。
[6] 盐梅:调味品。
[7] 宰肉甚均:汉代陈平在乡中分肉非常平均,深得乡中父老的信任。
[8] 戞羹示尽:刘邦到嫂子家,嫂子正在吃肉羹,见刘邦到来,就刮盆底假装没有了。刘邦因此怨恨嫂子,当皇帝后封侄儿为羹颉侯。

惩羹吹齑[1],谓人惩前警后;酒囊饭袋,谓人少学多餐。隐逸之士,漱石枕流[2];沉湎之夫,藉糟枕曲[3]。昏庸桀纣,胡为酒池肉林[4];苦学仲淹,惟有断齑画粥[5]。

【注释】
[1] 惩羹吹齑(jī):被热汤烫过后吃冷食也要先吹一吹,比喻过于谨慎。齑,细切的冷食。

[2] 漱石枕流：晋代孙楚少年时想隐居，对王武子说："当枕石漱流。"结果说成漱石枕流，然后辩解说："所以漱石，是为了磨砺牙齿；枕流，是为了洗耳。"后用此比喻士大夫隐居。

[3] 藉糟枕曲：靠着酒糟，枕着酒曲。

[4] 酒池肉林：形容穷奢极欲。

[5] 断斋画粥：宋代范仲淹小时候家里很穷，每天煮粥待凝固后划成四块，早晚可取两块，就着咸菜吃。

宫 室

洪荒之世，野处穴居；有巢[1]以后，上栋下宇。竹苞松茂，谓制度之得宜；鸟革翚飞[2]，调创造之尽善。朝廷曰紫宸，禁门曰青琐[3]。宰相职掌丝纶[4]，内居黄阁；百官具陈章疏，敷奏丹墀[5]。木天署，学士所居；紫薇省，中书所莅。

【注释】

[1] 有巢：相传有巢氏架屋为巢，缀叶为衣。
[2] 竹苞松茂，鸟革翚(huī)飞：都是《诗经》中的句子，指如松竹一样茂盛，像野鸡毛和鸟毛一样漂亮。形容房屋建造得好。
[3] 紫宸、青琐：汉代有紫宸殿，宫中的禁门用青色涂抹。
[4] 丝纶：指皇帝的诏书。

[5] 丹墀：指宫中的台阶，用丹朱色涂抹，故称丹墀。

    金马玉堂[1]，翰林院宇；柏台乌府[2]，御史衙门。布政司，称为藩府[3]；按察司，系是臬司[4]。潘岳种桃于满县，人称花县；子贱鸣琴以治邑，故曰琴堂。潭府[5]是仕宦之家，衡门[6]乃隐逸之宅。贺人有喜，曰门阑蔼瑞[7]；谢人过访，曰蓬荜[8]生辉。美奂美轮[9]，《礼》称屋宇之高华；肯构肯堂，《书》言父子之同志。

【注释】

[1] 金马玉堂：汉代有金马门，学士常聚集于此。宋代苏易简任翰林学士，宋太祖书写玉学之署给他，故后以金马、玉堂指翰林院。

[2] 柏台乌府：汉代朱博为御史，府中有柏树，树上有乌鸦，故后来以柏台、乌府称御史衙门。

[3] 藩府：作为王室屏障的意思。

[4] 臬司：执法司，明清两代提刑按察使司的简称。
[5] 潭府：《韩符诗》有"潭潭府中居"之句，形容深宅大院。
[6] 衡门：门上只有一根横木。形容简陋之家。
[7] 门阑蔼瑞：指门庭充满吉祥。
[8] 蓬荜：柴门。
[9] 美奂美轮：《礼记·檀弓下》载，"晋献文子成室，晋大夫发焉。张老曰：美哉轮焉！美哉奂焉！"形容房屋高大宽敞华丽。

土木方兴，曰经始[1]；创造已毕，曰落成。楼高可以摘星，屋小仅堪容膝。寇莱公[2]庭除之外，只可栽花；李文靖[3]厅事之前，仅容旋马。恭贺屋成，曰燕贺[4]；自谦屋小，曰蜗庐[5]。民家名曰间阎[6]，贵族称为阀阅[7]。朱门乃富豪之第，白屋是布衣之家。客舍曰逆旅[8]，馆驿曰邮亭。书室曰芸[9]窗，朝廷曰魏阙。

【注释】
[1] 经始：开始。《诗经》有"经始灵台"句。

[2] 寇莱公：指宋代宰相寇准，他的庭院很小，只能栽花。

[3] 李文靖：宋代宰相，他家的厅堂很小，只能容下一匹马转身。

[4] 燕贺：燕雀都来祝贺房屋落成。

[5] 蜗庐：蜗牛的壳。

[6] 闾阎：里巷的门，指老百姓的住所。

[7] 阀阅：有等级的为阀，有功为阅，指贵族。

[8] 逆旅：指旅店。逆，迎接。旅，众人。

[9] 芸：香草。

成均辟雍，皆国学之号；黉宫胶序[1]，乃乡学之称。笑人善忘，曰徙宅[2]忘妻；讥人不谨，曰开门揖盗[3]。何楼[4]所市，皆滥恶之物；垄断[5]独登，讥专利之人。荜门圭窦[6]，系贫士之居；瓮牖绳枢[7]，皆窭[8]人之室。宋寇准真是北门锁钥，檀道济不愧万里长城。

【注释】

[1] 黉（hóng）宫胶序：古代学校名。

[2] 徙宅：搬家。

[3] 揖盗：把强盗请进门。

[4] 何楼：宋代京城里有何氏，楼下所卖的东西多是伪劣之物。

[5] 垄断：土冈高而不相连者，称为垄断，后指独占。

[6] 荜门圭窦：竹编的门和墙上挖的小门。

[7] 瓮牖绳枢：以瓦瓮作窗，以绳子系门轴。

[8] 窭（jù）：泛指贫穷。

器 用

一人之所需，百工斯为备。但用则各适其用，而名则各异其名。管城子、中书君[1]，悉为笔号；石虚中、即墨侯，皆为砚称。墨为松使者[2]，纸号楮先生[3]。纸曰剡藤[4]，又曰玉版[5]；墨曰陈玄，又曰龙脐。共笔砚，同窗[6]之谓；付衣钵[7]，传道之称。

【注释】

[1] 管城子、中书君：毛笔封在竹管中，又是书写的工具，故称。

[2] 松使者：墨是用松树的墨烟熏成的，故称松使者。

[3] 楮（chǔ）先生：楮树皮是造纸的原料，故称纸为楮先生。

[4] 剡（shàn）藤：剡溪的藤造出的纸极美。

[5] 玉版：成都浣花溪造出的纸光滑，称为玉版。

[6] 同窗：同学。
[7] 付衣钵：衣钵是佛教僧尼的袈裟和乞食用的钵盂，以后泛指师传的学问、技能。

笃志业儒，曰磨穿铁砚[1]；弃文就武，曰安用毛锥[2]。剑有干将莫邪[3]之名，扇有仁风便面[4]之号。何谓箑[5]？亦扇之名；何谓籁[6]？有声之谓。小舟名蚱蜢，巨舰曰艨艟[7]。金根[8]是皇后之车，菱花[9]乃妇人之镜。银凿落[10]原是酒器，玉参差[11]乃是箫名。刻舟求剑，固而不通；胶柱鼓瑟[12]，拘而不化。

【注释】

[1] 磨穿铁砚：五代时桑维翰因姓与"丧"谐音，屡次应试不中，于是铸了一个铁砚，发誓铁砚磨穿才改业，后来果然中了进士。
[2] 毛锥：毛笔。
[3] 干将莫邪：中国古代传说中造剑的名匠。干将，春秋时吴国人，曾为吴王造剑，后与其妻莫邪奉命为楚王铸成两把宝剑，一曰干将，一曰莫邪。

[4] 仁风便面：仁风，仁德之风，后来借指扇子。便面，用来遮面的扇状物，后来也称团扇、折扇为便面。
[5] 箑（xià）：传说古代有一种吉祥草叫作箑，叶子自动扇风。后以箑指扇。
[6] 籁：指各种声音。
[7] 艨艟（méng chōng）：古代战船，船体用牛皮保护。
[8] 金根：用金装饰的车。
[9] 菱花：古代镜子背面有菱花图案，故可代指镜。
[10] 凿落：唐代称杯为凿落。
[11] 玉参差：镶玉的排箫，后用玉参差代指箫。
[12] 胶柱鼓瑟：柱被黏住，音调就不能换，比喻拘泥不知变通。瑟，一种古乐器。柱，瑟上转动琴弦以调节声音高低的短木。

斗筲[1]言其器小，梁栋谓是大材。铅刀[2]无一割之利，强弓有六石之名。杖以鸠名[3]，因鸠喉之不噎；钥同鱼样[4]，取鱼目之常醒。兜鍪[5]系是头盔，叵罗乃为酒器。短剑名匕首，毡毯曰氍毹[6]。琴名绿绮[7]焦桐[8]，弓号乌号繁弱[9]。香炉曰宝鸭，烛台曰烛奴。龙涎[10]鸡舌[11]，悉是香名；鹢[12]首鸭头，别为船号。

【注释】

[1] 筲（shāo）：半斗。

[2] 铅刀：用铅作成的刀，很软。

[3] 杖以鸠名：手杖称为鸠杖，据说是因为鸠吃东西不会噎食，以提醒老人吃饭慢一点。

[4] 钥同鱼样：古代的锁和鱼外形一样，据说是取自鱼常睁着眼，以提醒人们注意的意思。

[5] 鍪（móu）：古代打仗时戴的盔。

[6] 氍毹（qú shū）：毛织的布或地毯，旧时演戏多用来铺在地上。

[7] 绿绮：古琴名。传闻汉代司马相如得"绿绮"，如获珍宝。

[8] 焦桐：古琴名。东汉时，有吴人烧桐来做饭，蔡邕听到火烈的声音知道所烧的是良木，就拿来做了琴，果然声音很美妙。因为琴尾是烧焦了的，当时人称之为焦尾琴。

[9] 乌号、繁弱：都是古时良弓名。柘树上常有乌鸦聚集，赶走时乌鸦号呼，用柘树做的弓因此称为乌号。繁弱是古地名，出产的弓很硬。

[10] 龙涎：一种珍贵的香料。

[11] 鸡舌：香名，可治口气。

[12] 鹢（yì）：水鸟名。

　　寿光客，是妆台无尘之镜；长明公，是梵堂[1]不灭之灯。桔槔[2]是田家之水车，袯襫[3]是农夫之雨具。乌金，炭之美誉；忘归[4]，矢之别名。夜可击，朝可炊，军中刁斗[5]；《云汉》热，《北风》寒，刘褒画图[6]。勉人发愤，曰猛著祖鞭；求人宥[7]罪，曰幸开汤网[8]。

【注释】

[1] 梵堂：佛堂。

[2] 桔槔（jié gāo）：井上汲水的一种工具。也泛指吊物的简单机械。

[3] 袯襫（bó shì）：古时指农夫穿的蓑衣之类雨具。

[4] 忘归:去而忘返,箭的别称。
[5] 刁斗:用铜制作,古代军队夜间用来打更,白天做饭。
[6] 刘褒画图:汉代刘褒画《云汉图》,观看的人都感到热;又画《北风图》,看到的人都感觉凉。
[7] 宥(yòu):宽待。
[8] 汤网:商汤看见有猎人捕鸟,四面用网围住,就说:"这是夏桀的做法。"于是去掉三面,只留一面,诸侯听说了,赞叹说:"商汤的仁慈兼及禽兽,真是德行高尚啊。"

拔帜立帜,韩信之计甚奇;楚弓楚得,楚王所见未大。董安于[1]性缓,常佩弦以自急,西门豹[2]性急,常佩韦以自宽。汉孟敏尝堕甑不顾[3],知其无益;宋太祖谓犯法有剑,正欲立威。王衍[4]清谈,常持尘尾;横渠[5]讲《易》,每拥皋比[6]。

【注释】
[1] 董安于:战国人,常佩着弓弦以提醒自己

保持紧张。

[2] 西门豹：战国时人，常佩着牛皮以提醒自己不要性急。

[3] 堕甑（zēng）不顾：汉代孟敏曾把甑掉到地上，头也不回就走了，别人问他为什么，他说："已经摔破了，看有何益？"甑，砂锅。

[4] 王衍：晋代人，终日清谈，常拿着拂尘。

[5] 横渠：宋代张载，号横渠。

[6] 每拥皋比：常常坐在虎皮坐椅中。皋比，虎皮坐席。

尾生抱桥而死，固执不通；楚妃守符[1]而亡，贞信可录。温峤昔燃犀，照见水族之鬼怪；秦政有方镜，照见世人之邪心。车载斗量之人，不可胜数；南金东箭[2]之品，实是堪奇。传檄可定[3]，极言敌之易破；迎刃而解[4]，甚言事之易为。以铜为鉴[5]，可整衣冠；以古为鉴，可知兴替。

【注释】

[1] 楚妃守符：楚昭王出游时，将夫人留在渐

台，和她约定说，一定派人拿着信符来接她。当楚王派人来接时，使者忘记带信符，夫人不敢随往，结果涨水被淹死。
[2] 南金东箭：古代西南地区的金矿很好，东南地区竹箭很好，称为南金东箭。晋代顾荣、纪瞻等人品行很好，被誉为南金东箭。比喻优秀杰出的人才。
[3] 传檄可定：韩信曾说，三秦地区传一首檄文就可以平定了。
[4] 迎刃而解：晋代杜预进攻吴国时说："现在的形势就像劈竹子，破开数节后，就可以迎刃而解了。"
[5] 以铜为鉴：古代的镜子是用铜磨制的。

珍 宝

山川之精英，每泄为至宝[1]；乾坤之瑞气，恒结为奇珍。故玉足以庇嘉谷，明珠可以御火灾。鱼目岂可混珠，碔砆[2]焉能乱玉。黄金生于丽水[3]，白银出于朱提[4]。曰孔方，曰家兄[5]，俱为钱号；曰青蚨[6]，曰鹅眼[7]，亦是钱名。

【注释】

[1] 山川之精英，每泄为至宝：古代认为珠玉等是山川精华泄露出来的，可以防灾得福。
[2] 碔砆（wǔ fū）：像玉的石头。
[3] 丽水：指金沙江，出产金沙。
[4] 朱提：即朱提山，在云南省东北部邵通市邵阳区、鲁甸、永善3县（区）沿金沙河、牛栏江流向的山脉。此处出产白银。
[5] 孔方、家兄：晋代鲁褒曾写《钱神论》，称钱"亲如家兄，字曰孔方"。

[6] 青蚨：《搜神记》中记载的一种虫子。
[7] 鹅眼：宋代沈庆通家私铸的钱，一千文穿起来还不到三尺长，被称为鹅眼钱。

　　可贵者明月夜光之珠，可珍者璠玙琬琰[1]之玉。宋人以燕石为玉，什袭缇[2]巾之中；楚王以璞玉为石，两刖[3]卞和[4]之足。惠王之珠[5]，光能照乘；和氏之璧，价重连城。鲛人[6]泣泪成珠，宋人削玉为楮。贤乃国家之宝，儒为席上之珍。王者聘贤，束帛加璧；真儒抱道，怀瑾握瑜[7]。

【注释】

[1] 璠玙琬琰：都是美玉的名字。
[2] 缇：黄色丝巾。宋国有一个人把燕石当作玉，用十重黄色的丝巾包藏起来。
[3] 刖：砍足之刑。
[4] 卞和：楚国人，得到一块璞玉，献给楚王，结果楚厉王和楚武王都认为是欺骗自己，砍去了他的双足，后来文王相信了卞和，剖开璞玉，果真得到一块美玉，起名为"和氏璧"。

[5] 惠王之珠:战国时魏惠王曾吹嘘自己有玉能照亮前后十二乘车。
[6] 鲛人:传说中居于海底的人鱼。《博物志》载,水国鲛人的泪滴可以变成珍珠。
[7] 瑾瑜:瑾和瑜都指美玉。

雍伯多缘,种玉于蓝田而得美妇;太公奇遇,钓璜于渭水而遇文王。剖腹藏珠,爱财而不爱命;缠头[1]作锦,助舞而更助娇。孟尝廉洁,克俾[2]合浦还珠;相如[3]勇忠,能使秦廷归璧。玉钗作燕飞,汉宫之异事;金钱成蝶舞,唐库之奇传。广钱固可以通神,营利乃为鬼所笑。以小致大,谓之抛砖引玉[4];不知所贵,谓之买椟还珠。

【注释】

[1] 缠头:舞女缠在头上的装束,也指赠给舞女的锦帛及钱财。
[2] 俾:广西合浦产珍珠,因太守贪欲无度,珍珠都迁移走了,后来孟尝担任太守,十分廉洁,珍珠慢慢又迁回来了。
[3] 相如:指蔺相如。

[4] 抛砖引玉：比喻自己先发表粗浅的意见，目的在于引出别人的高见。

贤否[1]罹[2]害，如玉石俱焚；贪得无厌，虽锱铢[3]必算。崔烈[4]以钱买官，人皆恶其铜臭；秦嫂[5]不敢视叔，自言畏其多金。熊衮[6]父亡，天乃雨钱助葬；仲儒[7]家窘，天乃雨金济贫。汉杨震[8]畏四知而辞金，唐太宗因惩贪而赐绢[9]。晋鲁褒作《钱神论》，尝以钱为孔方兄；王夷甫口不言钱，乃谓钱为阿堵物[10]。然而床头金尽，壮士无颜；囊内钱空，阮郎羞涩[11]。但匹夫不可怀璧，人生孰不爱财。

【注释】
[1] 否：指不贤的人。
[2] 罹（lí）：遭。
[3] 锱铢：极小的重量单位。
[4] 崔烈：汉代人，用五百万钱买了一个司徒的官职，结果儿子崔均说："外面的人都说你有铜臭味。"
[5] 秦嫂：苏秦的嫂子。传说苏秦潦落时，嫂子不给他做饭，当苏秦受到赵王重用回乡

时，嫂子跪在地上不抬头见他，苏秦问她为何，嫂子说："因为你位高而多金。"

[6] 熊衮：唐代御史，奉公守法，家无积蓄。父亲死后，上天降下十万钱帮他安葬。

[7] 仲儒：翁仲儒家贫，上天降下十斛金给他家，因此他可以与王侯比富。

[8] 杨震：汉代人，曾经推荐王密为邑令，王密晚上带着金子送给他，说："黑夜无人知道。"杨震说："天知神知，你知我知，何谓无知？"

[9] 赐绢：唐代长孙顺德接受别人赠给的绢，事情被发觉后，唐太宗又赐给绢十匹，使他羞愧难当。

[10] 阿堵物：晋时，王衍一生从不谈论钱或说"钱"字。他的妻子故意将钱放在房中，挡住他走路，想逼他说出一个"钱"字，谁知王衍只称其为"阿堵物"。

[11] 阮郎羞涩：晋代阮孚带一个包囊游会稽，有人问他包中是何物，阮孚说："只有一文钱看包，恐怕它羞涩。"

贫 富

命之修短[1]有数，人之富贵在天。惟君子安贫，达人[2]知命。贯[3]朽粟陈，称羡财多之谓；紫标黄榜[4]，封记钱库之名。贪爱钱物，谓之钱愚[5]；好置田宅，谓之地癖[6]。守钱虏[7]，讥蓄财而不散；落魄夫，谓失业之无依。贫者地无立锥，富者田连阡陌[8]。

【注释】

[1] 修短：长短。
[2] 达人：通达之人。
[3] 贯：穿钱的绳子。
[4] 紫标黄榜：梁武帝爱钱，每百万为一堆，挂上黄榜，每千万为一库，挂上紫标。
[5] 钱愚：晋代和峤担任太傅，富比王侯，但是吝啬，杜预称他为"钱愚"。
[6] 地癖：唐李恺善于置办田产，人称地癖。
[7] 守钱虏：汉代马援发财后，将其钱财全部

分给亲朋好友，说："挣了钱，贵在能施舍予人，否则只是守钱虏罢了。"

[8] 阡陌：田间的道路。

室如悬磬[1]，言其甚窘；家无儋[2]石，谓其极贫。无米曰在陈[3]，守死曰待毙。富足曰殷实，命蹇[4]曰数奇[5]。饘[6]饲[7]，乃济人之急；呼庚癸[8]，是乞人之粮。家徒壁立，司马相如之贫；炱庣[9]为炊，秦百里奚之苦。鹄形[10]菜色，皆穷民饥饿之形；炊骨爨[11]骸，谓军中乏粮之惨。饿死留君臣之义，伯夷叔齐；资财敌王公之富，陶朱[12]猗顿[13]。

【注释】

[1] 悬磬：悬着的磬。磬，石制或玉制的乐器，很光滑。
[2] 儋（dān）：古代容量单位，一石是十斗，两石为一儋。
[3] 在陈：指孔子在陈被困之事。楚国派人聘请孔子，孔子前往楚国，经过陈蔡时，被陈蔡出兵相阻，孔子不能通过，断粮七天。

[4] 蹇：艰阻，不顺利。
[5] 数奇：命数单而不偶合。
[6] 甦（sū）：同"苏"，苏醒，复活。引申为醒悟或恢复。
[7] 鲋（fù）：小鱼。
[8] 庚癸：指粮食。古代军队中曾用庚癸作为暗语代指粮食。
[9] 扊扅（yǎn yí）：门闩。
[10] 鹄形：像野鹅的样子，指瘦弱。
[11] 爨（cuàn）：烧火做饭。
[12] 陶朱：指范蠡，曾积累财产百万，自号陶朱公。
[13] 猗顿：山东的贫士，听说陶朱公致富，前往请教致富之术，后来按陶朱公的指点去做，很快致富。

石崇杀妓以侑[1]酒，恃富行凶；何曾一食费万钱[2]，奢侈过甚。二月卖新丝，五月粜新谷，真是剜肉医疮；三年耕而有一年之食，九年耕而有三年之食，庶几遇荒有备。贫士之肠习藜苋[3]，富人之口厌膏粱[4]。石崇以蜡代薪[5]，王恺以饴沃釜[6]。范丹[7]土灶生蛙，破甑生尘;曾子捉襟见肘,纳履决踵[8],贫不胜言;子路衣敝缊袍,与轻裘立;韦庄[9]数米而饮,称薪而爨,俭有可鄙。总之饱德[10]之士,不愿膏粱;闻誉之施,奚[11]图文绣?

【注释】

[1] 侑（yòu）：劝。

[2] 何曾一食费万钱：晋代何曾一顿饭花费万钱，还说无处下筷。

[3] 藜苋：指藜草和苋菜。

[4] 膏粱：指肥肉和优质米。

[5] 以蜡代薪：晋代石崇曾用蜡代替木柴。

[6] 以饴沃釜：晋代王恺曾用饴糖洗锅。

[7] 范丹：汉代人，家中很穷，灶中长出青蛙，砂锅中积满尘土。

[8] 捉襟见肘，纳履决踵：形容衣衫褴褛。引申为顾此失彼，处境困难。

[9] 韦庄：唐代人，生性吝啬。

[10] 饱德：心中充满仁德。

[11] 奚：何必。

疾病死丧

福寿康宁,固人之所同欲;死亡疾病,亦人所不能无。惟智者能调[1],达人自玉[2]。问人病曰贵体违和[3],自谓疾曰偶沾微恙[4]。罹[5]病者,甚为造化小儿所苦;患病者,岂是实沈台骀[6]为灾。疾不可为,曰膏肓[7];平安无事,曰无恙。

【注释】

[1] 调:调理,调养。
[2] 玉:珍重,爱护。
[3] 违和:不调和。
[4] 微恙:小毛病。
[5] 罹:遭遇。
[6] 实沈、台骀:传说中的参神、汾神,能使人生病。骀,劣马。
[7] 膏肓:谓病情险恶无法医治。膏,指心尖脂肪。肓,指胸之间的横隔膜。

采薪[1]之忧，谦言抱病；河鱼之患[2]，系是腹疾。可以勿药，喜其病安；厥[3]疾勿瘳[4]，言其病笃。疟不病君子，病君子正为疟耳；卜所以决疑，既不疑复何卜哉？谢安梦鸡而疾不起，因太岁之在酉；楚王吞蛭而疾乃痊，因厚德之及人。将属纩[5]，将易箦[6]，皆言人之将死；作古人，登鬼箓[7]，皆言人之已亡。亲死则丁忧[8]，居丧则读《礼》[9]。

【注释】

[1] 采薪：意思是患病不能负薪。

[2] 河鱼之患：因为鱼腐烂是从内至外，故用河鱼之患指腹泄。

[3] 厥：谓足逆冷也。

[4] 瘳（chōu）：病愈。

[5] 属纩（kuāng）：将绵放在人鼻下，检查是否断气。纩，新丝或绵絮。

[6] 易箦（zé）：换下竹席。箦，竹席。

[7] 箓（lù）：簿籍。

[8] 丁忧：遭遇忧伤，指居丧。

[9] 读《礼》：《礼记》中载，死者未葬时读葬礼，既葬则读祭礼。

在床谓之尸，在棺谓之柩[1]。报丧书曰讣[2]，慰孝子曰唁[3]。往吊曰匍匐[4]，庐墓曰倚庐[5]。寝苫[6]枕块[7]，哀父母之在土；节哀顺变，劝孝子之惜身。男子死曰寿终正寝[8]，女人死曰寿终内寝[9]。天子死曰崩，诸侯死曰薨[10]，大夫死曰卒，士人死曰不禄，庶人死曰死，童子死曰殇。

【注释】

[1] 柩：装尸体的棺材。
[2] 讣：报丧的文告。
[3] 唁：慰问死者家属。
[4] 匍匐：爬行，指前往吊唁。
[5] 倚庐：古代在父母墓边搭小屋居住以守墓，称为倚庐。
[6] 苫（shān）：用茅草编成的覆盖物。
[7] 块：土块。
[8] 正寝：正厅。古代男子将要死时，就移到正厅东首，以候气绝。如果是女子仍然躺在内室。
[9] 内寝：内室。

[10] 薨（hōng）：古代称诸侯或有爵位的大官死去。

　　自谦父死曰孤子，母死曰哀子，父母俱死曰孤哀子；自言父死曰失怙[1]，母死曰失恃[2]，父母俱死曰失怙恃。父死何谓考，考者成也，已成事业也；母死何谓妣，妣者媲也，克媲父美[3]也。百日内曰泣血[4]，百日外曰稽颡[5]。期年曰小祥[6]，两期曰大祥[7]。不缉曰斩衰[8]，缉之曰齐衰[9]，论丧之有轻重；九月为大功，五月为小功，言服之有等伦。三月之服曰缌麻，三年将满曰禫礼[10]。

【注释】

[1] 怙：仰仗。
[2] 恃：依靠。
[3] 克媲父美：可以和父亲媲美。
[4] 泣血：极其悲痛而无声的哭泣。
[5] 稽颡（sǎng）：叩头。颡，额头。
[6] 小祥：父母死后周年的祭礼称小祥。
[7] 大祥：父母死后两周年的祭礼叫大祥。
[8] 衰：古代丧服，用粗麻布制成。丧服有

五种，即斩衰、齐衰、大功、小功、缌麻，按与死者的不同关系穿用。穿的时间也有长短，大功要穿九个月，小功要穿五个月，缌麻要穿三个月。斩衰，不缝边的丧服。

[9] 齐衰：缝边的丧服。

[10] 禫（dàn）礼：指除去丧服的祭礼。禫，古时丧家除服的祭祀。

孙承祖服，嫡孙杖期[1]；长子已死，嫡孙承重[2]。死者之器曰明器[3]，待以神明之道；孝子之杖曰哀杖，为扶哀痛之躯。父之节在外，故杖取乎竹；母之节在内，故杖取乎桐。以财物助丧家，谓之赗[4]；以车马助丧家，谓之赙；以衣殓死者之身，谓之襚[5]；以玉实死者之口，谓之琀[6]。

【注释】

[1] 杖期：祖父母死了，嫡孙要服一年丧，手中拿着丧杖，称为杖期。

[2] 承重：长子死了，由嫡孙代替服丧，称为承重孙，即承担重任的意思。

[3] 明器：陪葬的器物。
[4] 赙(fù)：指拿钱财帮助别人办理丧事。
[5] 襚(suì)：祭祀名。
[6] 琀：同"含"，指古代殡葬时放在死者口中的珠玉等物。

送丧曰执绋[1]，出柩曰驾輀[2]。吉地曰牛眠地[3]，筑坟曰马鬣封[4]。墓前石人，原名翁仲；柩前功布，今曰铭旌[5]。挽歌始于田横，墓志创于傅奕。生坟曰寿藏[6]，死墓曰佳城。坟曰夜台[7]，圹曰窀穸[8]。已葬曰瘗[9]玉，致祭曰束刍[10]。春祭曰礿[11]，夏祭曰禘[12]，秋祭曰尝，冬祭曰烝。

【注释】

[1] 执绋：拉住绳子。绋，指引棺材入墓穴的绳子。
[2] 輀(ěr)：丧车。
[3] 牛眠地：牛睡觉的地方，指风水好的地方。晋代陶侃的父亲死后，将下葬时，牛不见了，有老人说："牛睡在前面山间的污泥中，如果将死者葬在那里，后代会出

将军。"陶侃后来果然当了将军。
[4] 马鬣(liè)封：孔子安葬母亲后，筑的坟像马脖子上的鬣毛。
[5] 铭旌：指灵柩前记载功劳的布。
[6] 寿藏：给活人修的坟。
[7] 夜台：指墓中昏暗如夜。
[8] 窀穸(zhūn xī)：墓穴。
[9] 瘗(yì)：埋。
[10] 束刍：将青草放在灵前。
[11] 禴(yuè)：古同"礿"，祭名，中国夏商两代在春天举行，周代在夏天举行。
[12] 禘(dì)：古代宗庙四季祭祀之一。

饮杯棬[1]而抱痛，母之口泽如存；读父书以增伤，父之手泽未泯。子羔悲亲而泣血，子夏哭子而丧明。王哀哀父之死，门人因废《蓼莪》诗[2]；王修哭母之亡，邻里遂停桑柘社[3]。树欲静而风不息，子欲养而亲不在，皋鱼[4]增感；与其椎牛而祭墓，不如鸡豚之逮存，曾子兴思。故为人子者，当思木本水源，须重慎终追远[5]。

【注释】

[1] 棬（juàn）：曲木制成的饮器。

[2] 王裒（póu）：晋代人王裒一读到怀念父母的《蓼莪》诗就悲痛欲绝，他的学生因此不再读这首诗。

[3] 停桑柘社：魏朝王修的母亲因为在社日那天去世，次年社日，邻里因为王修极为悲痛，就停止了社日活动。

[4] 皋鱼：齐国人，曾对孔子说："树欲静而风不止，子欲养而亲不待。"后来痛哭而死。

[5] 慎终追远：重视安葬，追念逝者。

卷 四

文　事

　　多才之士,才储八斗;博学之儒,学富五车。《三坟》《五典》[1],乃三皇五帝之书;《八索》《九丘》[2],是八泽九州之志。《书经》载上古唐虞三代之事,故曰《尚书》[3];《易经》乃姬周文王周公所系,故曰《周易》。二戴曾删《礼记》,故曰《戴礼》;二毛曾注《诗经》,故曰《毛诗》。

【注释】

[1] 《三坟》《五典》:伏羲、神农、黄帝之书谓之《三坟》。少昊、颛顼、高辛、帝尧、帝舜之书谓之《五典》。
[2] 《八索》《九丘》:上古时的地理书。
[3] 《尚书》:原意为上古之书。

　　孔子作《春秋》,因获麟而绝笔[1],故曰《麟经》。荣于华衮,乃《春秋》一字之褒[2]；严于斧钺，乃《春秋》一字之贬[3]。缣缃[4]黄卷[5]，总谓经书；雁帛[6]鸾笺[7]，通称简札。锦心绣口[8]，李太白之文章；铁画银钩[9]，王羲之之字法。

【注释】

[1] 获麟而绝笔：孔子著《春秋》，写到鲁哀公捕获麒麟就不写了，因为孔子认为这是世道衰落的象征。

[2] 《春秋》一字之褒：得到《春秋》的一个字的表扬比得到华丽的衣服还要光荣。

[3] 《春秋》一字之贬：受到《春秋》的贬损比受斧钺之刑还要难受。

[4] 缣缃（jiān xiāng）：淡黄色的丝绢，用来保护书。

[5] 黄卷：夹在书中灭虫的黄纸。

[6] 雁帛：汉朝曾假称从一只系有帛书的雁身上获得苏武的消息，借此向匈奴索还苏武。

[7] 鸾笺：印有鸾凤的信笺。

[8] 锦心绣口：形容文思巧妙，满腹文章，词藻华丽，才华横溢。

[9] 铁画银钩：形容书法刚键柔美。

175

雕虫[1]小技，自谦文章之卑；倚马可待[2]，羡人作文之速。称人近来进德，曰士别三日，当刮目相看[3]；羡人学业精通，曰面壁九年[4]，始有此神悟。五凤楼手[5]，称文字之精奇；七步成诗，羡天才之敏捷。誉才高，曰今之班马[6]；羡诗工，曰压倒元白[7]。汉晁错多智，景帝号为智囊；王仁裕[8]多诗，时人谓之诗窖。

【注释】

[1] 雕虫：蛀木的虫。
[2] 倚马可待：晋代袁宏靠在马上写檄文，很快写就。比喻写文章非常之快。
[3] 士别三日，当刮目相看：三国时鲁肃对吕蒙的赞语。
[4] 面壁九年：禅祖达摩曾在嵩山少林寺面壁而坐九年，将法衣传给慧可。
[5] 五凤楼手：宋代韩洎文章写得好，自称为"五凤楼手"。
[6] 班马：指汉代班固和马融。
[7] 压倒元白：杨汝士与白居易、元稹参加宴

会,即席作诗,大家推认杨汝士的诗最好,杨汝士回去对人说:"今日压倒元白了。"
[8] 王仁裕:五代时人,写诗万篇,时人称为诗窖子。

骚客即是诗人,誉髦[1]乃称美士。自古诗称李杜,至今字仰钟王[2]。白雪阳春,是难和难赓[3]之韵;青钱万选[4],乃屡试屡中之文。惊神泣鬼,皆言词赋之雄豪;遏云绕梁[5],原是歌音之嘹亮。涉猎不精,是多学之弊;咿唔呫毕,皆读书之声。连篇累牍[6],总说多文;寸楮[7]尺素[8],通称简札。

【注释】
[1] 誉髦:美好英俊。
[2] 钟王:三国时书法家钟繇和晋代书法家王羲之。
[3] 赓:连续、继续之意。
[4] 青钱万选:唐代张鷟每次应试都名列前茅,人们称赞他的文章如青铜钱,万选万中,称他为"青钱学士"。

177

[5] 遏云绕梁：相传古代有叫韩娥的女子唱歌换得食物，她走以后，余音绕梁，三日不绝。

[6] 牍：文书。

[7] 寸楮：小块的纸。

[8] 尺素：书信。

　　以物求文，谓之润笔之资；因文得钱，乃曰稽古[1]之力。文章全美，曰文不加点[2]；文章奇异，曰机杼一家[3]。应试无文，谓之曳白[4]；书成镌梓[5]，谓之杀青[6]。袜线之才，自谦才短；记问之学，自愧学肤[7]。裁诗曰推敲，旷学曰作辍[8]。

【注释】

[1] 稽古：研究古代的东西。

[2] 文不加点：文章非常好，没有一点要修改。

[3] 机杼一家：布局要成一体。

[4] 曳白：指交白卷。

[5] 镌梓：刻印。

[6] 杀青：古代是用竹简写字，要先将竹烤出水分去掉青皮，称为杀青。

[7] 学肤：学问肤浅。

[8] 作辍：停止。

　　文章浮薄，何殊月露风云；典籍储藏，皆在兰台石室[1]。秦始皇无道，焚书坑儒；唐太宗好文，开科[2]取士。花样不同，乃谓文章之异；潦草塞责，不求辞语之精。邪说曰异端，又曰左道；读书曰肄[3]业，又曰藏修。作文曰染翰操觚[4]，从师曰执经问难。求作文，曰乞挥如椽笔[5]；羡高文，曰才是大方家[6]。竞尚佳章，曰洛阳纸贵；不嫌问难，曰明镜不疲[7]。称人书架曰邺架[8]，称人嗜学曰书淫。白居易生七月，便识"之无"二字；唐李贺才七岁，作《高轩过》一篇。

【注释】

[1] 兰台石室：汉代有兰台以藏书，有石室以藏高祖与功臣的誓言。
[2] 开科：开科举取仕之先。
[3] 肄：学习。
[4] 翰、觚：笔和木简。
[5] 椽笔：大手笔。

[6] 大方家：有大道的人。

[7] 明镜不疲：明镜不怕多照，指有学问的人不怕多请教。

[8] 邺架：唐李泌被封为邺侯，藏书很多，故后来称书架为邺架。

　　开卷有益，宋太宗之要语；不学无术，汉霍光之为人。汉刘向校书于天禄，太乙燃藜[1]；赵匡胤代位于后周，陶谷出诏[2]。江淹梦笔生花，文思大进；扬雄梦吐白凤，词赋愈奇。李守素通姓氏之学，敬宗名为人物志；虞世南晰古今之理，太宗号为行秘书。茹[3]古含今，皆言学博；咀英嚼华，总曰文新。文望尊隆，韩退之若泰山北斗；涵养纯粹，程明道[4]如良玉精金。李白才高，咳唾随风生珠玉；孙绰[5]词丽，诗赋掷地作金声。

【注释】

[1] 太乙燃藜：汉代刘向元宵节时一人在天禄阁校书，有一个黄衣老者进来吹燃拐杖照明，自称是太乙星的精魂。

[2] 陶谷出诏：宋太祖赵匡胤黄袍加身时，没

有周皇帝禅位诏书，翰林学士陶谷已写好诏书，这时就从袖中拿出。
[3] 茹：吃。
[4] 程明道：宋代理学家程颢，人称为明道先生。
[5] 孙绰：晋代人。范荣期称赞他写的《天台赋》掷地会发出金石之声。

科 第

士人入学曰游泮[1]，又曰采芹；士人登科曰释褐[2]，又曰得隽[3]。宾兴[4]即大比之年，贤书[5]乃试录之号。鹿鸣[6]宴，款文榜之贤；鹰扬[7]宴，待武科之士。文章入式，有朱衣以点头；经术既明，取青紫如拾芥[8]。其家初中，谓之破天荒；士人超拔，谓之出头地。

【注释】

[1] 泮：指学校。《诗经》中有"畏乐泮水，薄采其芹"。
[2] 释褐：脱去粗毛布制的褐衣。
[3] 得隽：得引隽杰。
[4] 宾兴：《周礼》中指选择贤能的人。
[5] 贤书：乃登录贤才的书簿。
[6] 鹿鸣：《诗经》中宴请宾客的篇名，后指皇帝招待录取者的宴会。
[7] 鹰扬：《诗经》曾用来赞颂吕尚的气度，

意为如鹰之飞扬。
[8] 取青紫如拾芥：穿上青紫色的官服就像拾取芥草一样容易。

中状元，曰独占鳌头；中解元，曰名魁虎榜[1]。琼林赐宴[2]，宋太宗之伊始；临轩问策[3]，宋神宗之开端。同榜之人，皆是同年；取中之官，谓之座主[4]。应试见遗[5]，谓之龙门点额[6]；进士及第，谓之雁塔题名[7]。贺登科，曰荣膺鹗荐[8]；入贡院，曰鏖战棘闱[9]。金殿唱名曰传胪[10]，乡会放榜曰撤棘[11]。

【注释】

[1] 魁虎榜：唐代欧阳詹与韩愈同榜中进士，人称魁虎榜。
[2] 琼林赐宴：从宋太宗开始在琼林苑宴请进士。
[3] 临轩问策：皇帝亲自策问考试。
[4] 座主：进士对主考官的称呼。
[5] 应试见遗：考试被遗漏，指没有考中。
[6] 龙门点额：传说黄河上有龙头，鲤鱼跃过就成为龙，没有跃过就点额而回。

[7] 雁塔题名：唐代中宗以后，对及第的人都在慈恩寺雁塔上题名。

[8] 鹗荐：汉代孔融曾向皇帝推荐祢衡，称赞他为鹗鸟。

[9] 棘闱：古代考试时，有时用棘木将考场围起，故称棘围。

[10] 传胪：科举殿试后宣读皇帝诏命唱名叫传胪。

[11] 撤棘：撤除考场四周的围棘，即考试结束。

攀仙桂[1]，步青云[2]，皆言荣发；孙山外，红勒帛[3]，总是无名。英雄入吾彀[4]，唐太宗喜得佳士；桃李属春官[5]，刘禹锡贺得门生。美文王作人之诗，故考士谓之薪樲[6]之典；汇，类也，征，进也，是连类同进之象，故进贤谓之汇征之途。赚了英雄，慰人下第[7]；傍人门户[8]，怜士无依。虽然有志者事竟成，伫看荣华之日；成丹者火候到，何惜烹炼之功。

【注释】

[1] 攀仙桂：仙桂，神话传说月中的桂树，指

科举登科。
- [2] 步青云：青云，指高官厚禄，借指科举中试。
- [3] 红勒帛：宋代刘几写文章常说过头话，欧阳修十分厌恶，用红笔将其文章打一个大横杠，全部抹掉。后因称用红笔涂抹文章为红勒帛。
- [4] 入吾彀（gòu）：意谓在我的掌控中。彀，使劲张弓。
- [5] 桃李属春官：唐代刘禹锡曾写"满城桃李属春官"的诗句庆贺得到门生。
- [6] 薪槱（yǒu）：亦作"薪楢"，比喻贤良的人才。薪，采。槱，堆积。
- [7] 赚了英雄，慰人下第：是安慰士人落第的话。唐代曾有人作诗："太宗皇帝真长策，赚得英雄尽白头。"
- [8] 傍人门户：投靠权贵，不能自立。

制　作

　　上古结绳记事，苍颉[1]制字代绳。龙马负图[2]，伏羲因画八卦；洛龟呈瑞[3]，大禹因列九畴。历日是神农所为，甲子[4]乃大挠所作。算数作于隶首，律吕造自伶伦[5]。甲胄舟车，系轩辕之创始；权量衡度，亦轩辕之立规。伏羲氏造网罟[6]，教佃渔以赡[7]民用；唐太宗造册籍，编里甲以税田粮。兴贸易，制耒耜[8]，皆由炎帝；造琴瑟，教嫁娶，乃是伏羲。冠冕衣裳，至黄帝而始备；桑麻蚕绩，自元妃[9]而始兴。神农尝百草，医药有方；后稷[10]播百谷，粒食攸赖。

【注释】

[1] 苍颉：一般写作"仓颉"。传说是黄帝的史官，创制了文字。

[2] 龙马负图：传说龙马背着图在黄河中出现，背上有五十五个阴阳点，伏羲氏因

此画出八卦。
[3] 洛龟呈瑞：相传大禹治水时，有神龟着文出现在洛河上。
[4] 甲子：指用十天干、十二地支记时的方法，传说是黄帝的大臣大桡创制。
[5] 隶首、伶伦：传说都是黄帝手下的大臣。
[6] 罟（gǔ）：网的总称。
[7] 赡：满足。
[8] 耒耜：农具。
[9] 元妃：黄帝的妃子嫘祖。
[10] 后稷：周朝的始祖。

燧人氏钻木取火，烹饪初兴；有巢氏构木为巢，宫室始创。夏禹欲通神祇，因铸镛钟[1]于郊庙；汉明尊崇佛教，始立寺观于中朝[2]。周公作指南车，罗盘是其遗制；钱乐作浑天仪，历家始有所宗。育王得疾，因造无量宝塔；秦政防胡，特筑万里长城。叔孙通制立朝仪，魏曹丕秩序官品。周公独制礼乐，萧何造立律条。尧帝作围棋，以教丹朱[3]；武王作象棋，以象战斗。文章取士[4]，兴于赵宋；应制以诗[5]，起于李唐。梨园子弟[6]，乃唐明皇作始;《资治通鉴》,乃司马光所编。笔乃蒙恬所造,纸乃蔡伦所为。凡今人之利用,皆古圣之前民[7]。

【注释】

[1] 镛钟:大钟。
[2] 立寺观于中朝:在中国设立寺庙。
[3] 丹朱:尧的儿子,因为荒淫无度,尧制作围棋以陶冶他的性情。
[4] 文章取士:宋神宗从王安石之议,更改科举法,罢诗赋、帖经、墨义,专以经义策论试士。
[5] 应制以诗:奉皇帝之命作诗。
[6] 梨园子弟:唐明皇选乐工、宫女数百人,在梨园亲自教他们乐曲,故称梨园子弟。
[7] 前民:开创的前人。

技 艺

医士业岐轩[1]之术，称曰国手；地师习青乌之书[2]，号曰堪舆。卢医扁鹊[3]，古之名医；郑虔崔白[4]，古之名画。晋郭璞得《青囊经》[5]，故善卜筮地理；孙思邈[6]得龙宫方，能医虎口龙鳞。

【注释】

[1] 岐轩：岐，岐伯，指医生。轩，轩辕，即黄帝。

[2] 青乌之书：堪舆家的祖宗青乌子写有相地的书。

[3] 扁鹊：名秦越人，战国时名医，家在卢国，又称卢医。

[4] 郑虔、崔白：唐代画家。

[5] 《青囊经》：有关天文卜筮风水的书。

[6] 孙思邈：唐代名医，传说虎曾请他拔去口中金钗，龙曾请他点鳞医病。

善卜者,是君平[1]詹尹[2]之流;善相者,即唐举子卿[3]之亚。推命之士即星士,绘图之士曰丹青。大风鉴[4],相士之称;大工师,木匠之誉。若王良[5],若造父[6],皆善御之人;东方朔,淳于髡[7],系滑稽之辈。称善卜卦者,曰今之鬼谷;称善记怪者,曰古之董狐[8]。称诹日[9]之人曰太史,称书算之人曰掌文[10]。

【注释】

[1] 君平:汉代人,以占卜为业。

[2] 詹尹:战国时楚国的太卜官,曾为屈原占卜。

[3] 唐举、子卿:战国时人。

[4] 大风鉴:指迅速而明确。

[5] 王良:战国时人,赵简子曾让王良驾车。

[6] 造父:周穆王时人。

[7] 淳于髡(kūn):战国时人,滑稽善辩。

[8] 董狐:春秋时史官。

[9] 诹(zōu)日:选择黄道吉日。诹,咨询,询问。

[10] 掌文:古代官名,掌管文书记载。

掷骰者,喝雉呼卢[1];善射者,穿杨贯虱[2]。樗蒱[3]之戏,乃云双陆;橘中之乐,是说围棋。陈平[4]作傀儡,解汉高白登之围;孔明造木牛[5],辅刘备运粮之计。公输子[6]削木鸢,飞天至三日而不下;张僧繇[7]画壁龙,点睛则雷电而飞腾。然奇技似无益于人,而百艺则有济[8]于用。

【注释】

[1] 雉、卢:红点、黑点。古代用五种木头做成骰子,称为枭、卢、雉、犊、塞。

[2] 穿杨贯虱:穿杨,楚养由基善射,在百步之外射穿了选定的某一片杨柳的叶子。以此形容射箭技术很高明。贯虱,箭能从虱心穿过,形容其射技十分高明。

[3] 樗蒱(chū pú):与双陆一样同为赌博游戏。古代巴邛家中有两个大橘子,剖开后,每个橘子中有两个老人在下围棋,谈笑自若。

[4] 陈平:曾作傀儡人帮助汉高祖刘邦解除了白登之围。

[5] 木牛：诸葛亮曾制作木牛流马运粮。
[6] 公输子：即鲁班。
[7] 张僧繇：南朝梁画家，吴郡人（今江苏苏州）。传说他特别擅长画龙，他曾在金陵安乐寺墙上画了四条栩栩如生的龙，但都没有画眼睛。众人怂恿他点上龙眼，他刚刚点了两条龙的眼睛，顿时闪电四起，两条龙腾空而去。
[8] 济：有益，有利。

讼 狱

世人惟不平则鸣,圣人以无讼为贵。上有恤刑[1]之主,桁杨雨润[2];下无冤枉之民,肺石[3]风清。虽囹圄[4]便是福堂,而画地亦可为狱。与人构讼[5],曰鼠牙雀角[6]之争;罪人诉冤,有抢地[7]吁天之惨。

【注释】

[1] 恤刑:指用刑慎重不滥。

[2] 桁(háng)杨雨润:桁杨像细雨润物。桁杨,刑具。

[3] 肺石:红色的石头,有冤的人可以站在上面诉说。

[4] 囹圄(língyǔ):监狱。

[5] 构讼:造成诉讼。

[6] 鼠牙雀角:《诗经》中有"谁谓雀无角……谁谓鼠无牙……何以诉我讼"的诗句。

[7] 抢地：以头碰地。

狴犴[1]猛犬而能守，故狱门画狴犴之形；棘木外刺而里直，故听讼在棘木之下[2]。乡亭之系有岸，朝廷之系[3]有狱，谁敢作奸犯科；死者不可复生，刑者不可复续，上当原情定罪。囹圄是周狱，羑里[4]是商牢。桎梏[5]之设，乃拘罪人之具；缧绁[6]之中，岂无贤者之冤。两争不放，谓之鹬蚌相持；无辜牵连，谓之池鱼受害。

【注释】

[1] 狴犴（bì àn）：传说中一种急公好义、仗义执言的神兽。
[2] 棘木之下：古代规定在棘木之下听取诉讼。
[3] 系：指拘押。
[4] 羑（yǒu）里：地名，在今河南汤阴境内。
[5] 桎梏：脚镣手械。
[6] 缧绁（léi xiè）：拘捕犯人时用的黑色的绳子。

请公入瓮[1]，周兴自作其孽；下车泣罪[2]，夏禹深痛其民。好讼曰健讼，挂告曰株连。为人息讼，谓之释纷；被人栽冤，谓之嫁祸。徒配曰城旦[3]，遣戍是问军[4]。三尺[5]乃朝廷之法，三木[6]是罪人之刑。古之五刑，墨劓剕宫大辟[7]；今之律例，笞杖死罪徒流[8]。

【注释】

[1] 请公入瓮：唐代周兴谋反，武则天命令来俊臣前去治罪，来俊臣不动声色地问周兴说："犯人不供认，有什么办法？"周兴说："将囚犯丢入在火上烤的大瓮中，什么事办不到？"来俊臣于是说："有人指控你，请兄入瓮吧。"周兴慌忙叩头认罪。

[2] 下车泣罪：也作"神禹泣罪"。夏禹看见犯人，下车询问而泣说："这是我的德行太薄，不能感化百姓啊。"喻广施仁政，自责其失。

[3] 城旦：早晨起来修城。

[4] 问军：从军。

[5] 三尺：也称"三尺法"。古时候把法律

刻写在三尺长的竹简上，所以称法律为"三尺"。
[6] 三木：指枷、镣、钮三种刑具。
[7] 墨劓剕官大辟：面上刺字、割鼻、砍足、阉割、处死。
[8] 笞杖死罪徒流：抽打、杖打、斩首或绞死、劳役、流放。

　　上古时削木为吏[1]，今日之淳风安在；唐太宗纵囚归狱[2]，古人之诚信可嘉。花落讼庭间，草生囹圄静，歌何易[3]治民之简；吏从冰上立，人在镜中行，颂卢奂[4]折狱之清。可见治乱之药石，刑罚为重；兴平之粱肉[5]，德教为先。

【注释】
[1] 削木为吏：削木头作为狱吏。
[2] 纵囚归狱：唐太宗曾让死刑犯回家，让他们来年秋天再来接受死刑，结果犯人到期果然回来了。
[3] 何易：唐代时任益昌县令，治理有方，诉讼很少，百姓皆歌曰："花落讼庭间，

草行囹圄静。"
[4] 卢奂:唐代时任郡守,公正廉明,百姓赞道:"吏从冰上立,人在镜中行。"
[5] 粱肉:指美味的食品。

释道鬼神

如来释迦,即是牟尼,原系成佛之祖;老聃李耳[1],即是道君,乃是道教之宗。本觉为如,今觉为来,佛姓释迦,号牟尼佛。鹫岭[2]祇园[3],皆属佛国;交梨火枣,尽是仙丹。沙门称释,始于晋道安;中国有佛,始于汉明帝。

【注释】

[1] 李耳:老子,道教的始祖。
[2] 鹫岭:即灵鹫山,在古印度摩揭陀国王舍城东北,梵名耆阇崛山。在今印度比哈尔邦的巴特那地区。那烂陀寺南面10千米处,据说佛常住在那里。
[3] 祇(qí)园:即祇陀太子园,印度佛教圣地之一,位于中印度憍萨罗舍卫城南方,相当于今尼泊尔南境,近千拉波堤河南岸之塞赫特马赫特。须达多长者看中了这里,祇陀太子要求用金子布满园

舍，须达多长者很快就办到了。

笺铿即是彭祖[1]，八百高年；许逊[2]原宰旌阳，一家超举。波罗[3]犹云彼岸，紫府即是仙宫。曰上方[4]，曰梵刹[5]，总是佛场；曰真宇，曰蕊珠，皆称仙境。伊蒲馔[6]可以斋僧，青精饭[7]亦堪供佛。香积厨[8]，僧家所备，仙麟脯，仙子所餐。佛图澄[9]显神通，咒莲生钵；葛仙翁[10]作戏术，吐饭成蜂。

【注释】

[1] 彭祖：姓篯(jiān)，名铿，商朝人，传说活了八百岁。
[2] 许逊：晋代人，传说全家四十二口人同时升天。
[3] 波罗：即梵语的波罗密多，意思是登彼岸，即成佛以后的境地。
[4] 上方：僧房为方丈，上方就是上人之方丈的意思。
[5] 梵刹：梵是清净，刹在此指竿，也就是挂经幡的柱子。
[6] 伊蒲馔：用伊兰、菖蒲做的饭。

[7] 青精饭：用南烛叶煎汁煮饭，使饭成绀青色。
[8] 香积厨：众香国的香积如来，曾用钵盂盛饭给维摩居士派来的菩萨，故将僧人的厨房称为香积厨。
[9] 佛图澄：天竺僧人，传说晋朝时来中国，曾用钵装水，念动咒语，使钵中生出莲花。
[10] 葛仙翁：东晋葛玄号仙翁，传说能够念动咒语将口中喷出的饭变成蜜蜂。

达摩一苇渡江，栾巴噀酒灭火[1]。吴猛画江成路[2]，麻姑掷米成珠。飞锡挂锡[3]，谓僧人之行止；导引胎息[4]，谓道士之修持。和尚拜礼曰和南，道士拜礼曰稽首[5]。曰圆寂，曰荼毗[6]，皆言和尚之死；曰羽化，曰尸解，悉言道士之亡。

【注释】

[1] 栾巴噀（xùn）酒灭火：传说栾巴有法术，汉桓帝赐酒，栾巴不饮而向西南喷出，有人说他对皇帝不敬，他说："成

都有火灾，故喷酒灭火。"过了几天，成都果然报告发生火灾。噀，喷。

[2] 吴猛画江成路：晋代人，传说他曾用扇子在江上画出一条路，自己走过去就消失了。

[3] 飞锡挂锡：据说僧人有锡杖，上面有环，行走的时候飞锡杖，坐的时候就挂着。

[4] 胎息：能够不用口鼻呼吸，就像在胎中一样。

[5] 稽首：头拜至地。

[6] 荼毗（pí）：焚烧的意思。

女道曰巫，男道曰觋[1]，自古攸分[2]；男僧曰僧，女僧曰尼，从来有别。羽客[3]黄冠，皆称道士；上人[4]比丘[5]，并美僧人。檀越檀那[6]，僧家称施主；烧丹炼汞，道士学神仙。和尚自谦，谓之空桑子[7]；道士诵经，谓之步虚声[8]。

【注释】

[1] 觋（xí）：男巫。

[2] 攸分：有分别。

[3] 羽客：南唐道士谭紫被唐王赐号"金门

羽客"。
[4] 上人：是称赞僧人内有德外有行，在人之上。
[5] 比丘：指僧人受全戒。
[6] 檀越檀那：梵语音译，都是施主的意思。
[7] 空桑子：《列子》云，有莘氏女采药，在空桑中得到一个婴儿，献给国君。后来僧人以此自谦，取其没有父母之意。
[8] 步虚声：道士仿效空中传来的所谓神仙念经的声音。

菩者普也，萨者济也，尊称神祇，故有菩萨之誉。水行龙力大，陆行象力大，负荷佛法，故有龙象之称。儒家谓之世，释家谓之劫，道家谓之尘[1]，俱谓俗缘之未脱；儒家曰精一[2]，释家曰三昧，道家曰贞一[3]，总言奥义之无穷。达摩死后，手携只履西归；王乔[4]朝君，舄[5]化双凫下降。

【注释】
[1] 世、劫、尘：《楞严经》云，三十年为一世，五十年为一劫，千年为一尘。

[2] 精一：精心一意。
[3] 贞一：专一，守一，是道家所谓的保持本
       性，自然无为。
[4] 王乔：汉代时曾任县令，传说能够把两只
       鞋子变成野鸭子。
[5] 舄（xì）：古代一种有木底的鞋。

　　辟谷[1]绝粒，神仙能服气炼形；不灭不生，释氏惟明心见性。梁高僧谈经入妙，可使岩石点头[2]，天花坠地；张虚靖[3]炼丹既成，能令龙虎并伏，鸡犬俱升。藏世界于一粟[4]，佛法何其大；贮乾坤于一壶[5]，道法何其玄。妄诞之言，载鬼一车[6]；高明之家，鬼瞰其室[7]。

【注释】
[1] 辟谷：也称"断谷""绝谷"，就是不吃
       五谷，中国古代的一种修养方法。
[2] 岩石点头：传说梁朝的高僧丁生能够对石
       头讲经，使石头点头。
[3] 张虚靖：《列仙传》载，张虚靖炼丹升天
       后，鸡犬吃了剩下的药也升天了。

[4] 藏世界于一粟：佛偈语中说："一粒粟中藏世界。"
[5] 贮乾坤于一壶：《列仙传》载，壶公在长安卖药，挂着一个壶，晚上就在壶中休息，费长房请求进去，入壶一看，里面楼台壮丽，非常惊奇。
[6] 载鬼一车：把无当作有，言语很是奇怪。
[7] 鬼瞰其室：扬雄《解嘲》载，"高明之家，鬼瞰其室。"瞰，窥伺。

《无鬼论》，作于晋之阮瞻；《搜神记》，撰于晋之干宝。颜子渊，卜子商[1]，死为地下修文郎；韩擒虎[2]，寇莱公[3]，死作阴司阎罗王。至若土谷之神曰社稷，干旱之鬼曰旱魃[4]。魑魅魍魉，山川之祟[5]；神荼郁垒，啖[6]鬼之神。仕途偃蹇[7]，鬼神亦为之揶揄；心地光明，吉神自为之呵护。

【注释】

[1] 颜子渊、卜子商：即颜回合子夏，均为孔子的学生。
[2] 韩擒虎：隋朝大将。

[3] 寇莱公：即北宋寇准。
[4] 魃（bá）：传说中能引起旱灾。
[5] 祟：鬼怪。
[6] 啖：吃。
[7] 仕途偃蹇（jiǎn）：仕途不顺利。

鸟 兽

麟[1]为毛虫[2]之长,虎乃兽中之王。麟凤龟龙,谓之四灵;犬豕[3]与鸡,谓之三物。骒骃骅骝[4],良马之号;太牢大武[5],乃牛之称。羊曰柔毛,又曰长髯主簿;豕名刚鬣[6],又曰乌喙[7]将军。鹅名舒雁,鸭号家凫[8]。

【注释】

[1] 麟:传说中的动物,雄为麒,雌为麟。

[2] 毛虫:长毛的动物。

[3] 豕:猪。

[4] 骒骃骅骝:均指良马。

[5] 太牢、大武:祭祀时对牛的称呼。

[6] 鬣(liè):脖子上长而密的毛。

[7] 喙(huì):鸟兽的嘴。

[8] 凫:水鸟,形状像鸭。

鸡有五德[1]，故称之曰德禽；雁性随阳[2]，因名之曰阳鸟。家狸[3]乌圆，乃猫之誉；韩卢楚犷[4]，皆犬之名。麒麟驺虞[5]，皆好仁之兽；螟螣[6]蟊贼[7]，皆害苗之虫。无肠公子，螃蟹之名；绿衣使者[8]，鹦鹉之号。狐假虎威，谓借势而为恶；养虎贻患，谓留祸之在身。

【注释】

[1] 鸡有五德：《韩诗外传》上说，鸡头上戴冠者文也，步子迈得大者武，敢斗者勇，看见食物相互招呼为仁，守夜没有差失是信，有这五种美德不应被宰杀。

[2] 雁性随阳：雁是候鸟，喜欢温暖的地方。

[3] 狸：野猫。

[4] 犷（guǎng）：猛也。

[5] 驺虞（zōu yú）：传说中的动物，只吃死动物，也不吃生草，故称它性仁。

[6] 螣：古代传说中一种能飞的蛇。

[7] 蟊贼：吃庄稼的两种害虫。

[8] 绿衣使者：唐明皇曾将报告杀人凶手鹦鹉封为绿衣使者。

犹豫[1]多疑，喻人之不决；狼狈相倚[2]，比人之颠连。胜负未分，不知鹿死谁手；基业易主，正如燕入他家。雁到南方，先至为主，后至为宾；雉名陈宝[3]，得雄则王，得雌则霸。刻鹄类鹜[4]，为学初成；画虎类犬，弄巧成拙。

【注释】

[1] 犹豫：旧说以为犹和豫是两种动物，性多疑，听到人的声音就预先爬上树，很久才下来，过一会儿又上去，故称不决为犹豫。

[2] 狼狈相倚：据说狼前二足长，狈后二足长，互相依靠行动，如果离开就进退不便。

[3] 雉名陈宝：《列异传》记载，秦穆公时，陈仓人捉住一怪兽，有二童子在路边，怪兽说："那两个童子叫陈宝，得到雄的可以称王，得到雌的可以称霸。"二童子马上变成野鸡飞走了。雉，野鸡。

[4] 刻鹄类鹜：雕刻天鹅不成，反像鸭子。鹜，野鸭。

美恶不称，谓之狗尾续貂；贪图不足，谓之蛇欲吞象。祸去祸又至，曰前门拒虎，后门进狼；除凶不畏凶，曰不入虎穴，焉得虎子。鄙众[1]趋利，曰群蚁附膻[2]；谦己爱儿，曰老牛舐[3]犊。无中生有，曰画蛇添足；进退两难，曰羝[4]羊触藩[5]。杯中蛇影，自起猜疑；塞翁失马，难分祸福。

【注释】

[1] 鄙众：目光短浅的人。
[2] 膻：指膻腥的东西。
[3] 舐（shì）：以舌舔物。
[4] 羝（dǐ）：公羊。
[5] 藩：篱笆。

龙驹凤雏[1]，晋闵鸿夸吴中陆士龙之异；伏龙凤雏，司马徽称孔明庞士元之奇。吕后断戚夫人手足，号曰人彘[2]；胡人淹契丹王尸骸，谓之帝羓[3]。人之狠恶，同于梼杌[4]；人之凶暴，类于穷奇[5]。

【注释】

[1] 龙驹凤雏：龙子凤子。晋朝陆云字士龙，与弟弟陆机都很有名，尚书闵鸿称赞陆家子弟是"龙驹凤雏"。

[2] 彘（zhì）：猪。

[3] 耙（bā）：干肉。契丹王耶律德光南侵时病死，契丹人就把他的尸体用盐腌起来运回，称为帝耙。

[4] 梼杌（táo wù）：《神异经》上记载的西方的野兽，大如老虎，扰乱山中。

[5] 穷奇：《神异经》记载的有翼能飞，帮助凶恶之人的野兽。

王猛见桓温，扪虱而谈当世之务；宁戚遇齐桓，扣角而取卿相之荣。楚王轼怒蛙[1]，以昆虫之敢死；丙吉问牛喘[2]，恐阴阳之失时。以十人而制千虎，比言事之难胜；走韩卢[3]而搏蹇兔，喻言敌之易摧。兄弟如鹡鸰[4]之相亲，夫妇如鸾凤之配偶。

【注释】

[1] 楚王轼怒蛙：楚王讨伐吴国时，为鼓励士

卒不怕死,曾向车轼上发怒的青蛙敬礼。

[2] 丙吉问牛喘:丙吉即邴吉,汉代宰相。丙吉出巡时,遇到有人斗殴而不过问,遇到牛在喘息,上前询问。有人说他本末倒置,邴吉说:"牛喘息,怕是阴阳失调,这就是我职务内的事,应当过问,打死人自然有京兆尹过问。"

[3] 韩卢:战国时韩国的名犬,色黑,所以叫卢。

[4] 鹡鸰(jí líng):鸟类的一种。

有势莫能为,曰虽鞭之长,不及马腹;制小不用大,曰割鸡之小,焉用牛刀。鸟食母者曰枭[1],兽食父者曰獍[2]。苛政猛于虎,壮士气如虹。腰缠十万贯,骑鹤上扬州,谓仙人而兼富贵;盲人骑瞎马,夜半临深池,是险语之逼人闻。黔驴之技,技止此耳;鼫鼠[3]之技,技亦穷乎。

【注释】

[1] 枭:一种凶猛的鸟,长大以后食母。

[2] 獍(jìng):古书上说的一种像虎豹的

兽，生下来就食父。
[3] 鼯（wú）鼠：有五种技艺但都不精通，能飞不能上屋，能爬但爬不上树梢，能游但不能渡过山涧，能打洞但藏不住身子，能跑但超不过人。

强兼并者曰鲸吞，为小贼者曰狗盗。养恶人如养虎，当饱其肉，不饱则噬；养恶人如养鹰，饥之则附，饱之则飏[1]。随珠[2]弹雀[3]，谓得少而失多；投鼠忌器，恐因甲而害乙。事多曰猬集[4]，利小曰蝇头。心惑似狐疑，人喜如雀跃。

【注释】
[1] 飏：飞扬。
[2] 随珠：随侯救了一条大蛇，蛇就送来珍珠相报答。
[3] 弹雀：比喻得不偿失。
[4] 猬集：言事多，像刺猬的刺那样聚在一起。

爱屋及乌[1]，谓因此而惜彼；轻鸡爱鹜[2]，谓舍此而图他。唆恶为非，曰教猱[3]升木；受恩不报，曰得鱼忘筌[4]。倚势害人，真似城狐社鼠[5]；空存无用，何殊陶犬瓦鸡[6]。势弱难敌，谓之螳臂当辙[7]；人生易死，乃曰蜉蝣[8]在世。小难制大，如越鸡难伏鹄卵[9]；贱反轻贵，似鸴鸠[10]反笑大鹏。

【注释】

[1] 爱屋及乌：比喻爱这个人，连与这个人有关的东西都爱。
[2] 轻鸡爱鹜：轻视鸡而爱野鸭子。
[3] 猱：猴子。
[4] 得鱼忘筌：比喻获得了成功就忘记了赖以成功的事物和条件。筌，捕鱼的竹器。
[5] 城狐社鼠：挖狐洞恐毁坏城，熏鼠恐伤人，比喻不容易除掉的东西。
[6] 陶犬瓦鸡：陶制的狗，瓦做的鸡。
[7] 螳臂当辙：螳臂就是螳螂的前腿，比喻不自量力就必定会失败。辙，车前架伸出的直木或曲木，后来代称车。
[8] 蜉蝣：一种水虫，早上生长晚上就死了。
[9] 越鸡难伏鹄卵：《庄子》中说，越鸡很难伏在天鹅卵上，鲁鸡却能，这是才能大

小不同，小才不能担大任。后来也用来比喻小的不能控制大的。

[10] 鹖（xué）鸠：雀类小鸟，名斑鸠。

小人不知君子之心，曰燕雀焉知鸿鹄志；君子不受小人之侮，曰虎豹岂受犬羊欺。跖犬吠尧[1]，吠非其主；鸠居鹊巢，安享其成。缘木求鱼，极言难得；按图索骥，甚言失真。恶人借势，曰如虎负嵎[2]；穷人无归，曰如鱼失水。九尾狐[3]，讥陈彭年素性谄而又奸；独眼龙[4]，夸李克用一目眇而有勇。指鹿为马，秦赵高之欺主；叱石成羊[5]，黄初平之得仙。

【注释】

[1] 跖犬吠尧：盗跖的狗向尧吠叫。比喻各为其主。
[2] 负嵎：依靠有利地形。
[3] 九尾狐：宋代陈彭年奸险，被人称为九尾狐。九尾狐一词出自《山海经》。
[4] 独眼龙：唐代李克用作战勇敢，因其只有一只眼睛而被称为独眼龙。

[5] 叱石成羊：《神仙传》载，黄初平受一道士传授法术，能够将石头呵叱变成羊。

卞庄勇能擒两虎，高骈[1]一矢贯双雕。司马懿畏蜀如虎[2]，诸葛亮辅汉如龙。鹪鹩[3]巢林，不过一枝；鼹鼠[4]饮河，不过满腹。弃人甚易，曰孤雏腐鼠；文名共抑，曰起凤腾蛟[5]。为公乎，为私乎，惠帝问虾蟆；欲左左，欲右右，汤德及禽兽。鱼游于釜中[6]，虽生不久；燕巢于幕上，栖身不安。妄自称奇，谓之辽东豕；其见甚小，譬如井底蛙。父恶子贤，谓是犁牛[7]之子；父谦子拙，谓是豚犬之儿。出人群而独异，如鹤立鸡群；非配偶以相从，如雉求牡匹[8]。

【注释】

[1] 高骈：唐代大将。
[2] 畏蜀如虎：三国时，诸葛亮进攻魏国，司马懿不肯出战，坚守阵地。诸葛亮派人送给他妇人用的头巾，司马懿仍然守在老巢不肯出战，贾诩等问道："公畏蜀如虎，不怕天下人笑话吗？"

[3] 鹪鹩（jiāo liáo）：一种小鸟。

[4] 鼫鼠：一种大老鼠。

[5] 起凤腾蛟：比喻文章内容十分丰富，文采又非常华丽，就像凤凰起舞，蛟龙腾空。

[6] 鱼游于釜中：比喻身在绝境，命已经危在旦夕了。

[7] 犁牛：杂色的牛。孔子曾对仲弓说："犁牛之子很不错。"

[8] 雊求牡匹：飞鸟类称为雄雌，奔走类的称为牡牝。雊鸡应该求其雄，这里说求其牡，表明其淫乱。

天上石麟[1]，夸小儿之迈众；人中骐骥，比君子之超凡。怡堂燕雀，不知后灾；瓮里醯鸡[2]，安有广见。马牛襟裾[3]，骂人不识礼仪；沐猴而冠[4]，笑人见不恢宏。羊质虎皮[5]，讥其有文无实；守株待兔，言其守拙无能。恶人如虎生翼，势必择人而食；志士如鹰在笼，自是凌霄有志。鲋鱼困涸辙，难待西江水，比人之甚窘；蛟龙得云雨，终非池中物，比人大有为。执牛耳[6]，谓人主盟；附骥尾[7]，望人引带。鸿雁哀鸣[8]，比小民之失所；狡兔三窟，诮贪人之巧营。风马牛势不相及，常山蛇首尾相应。

【注释】

[1] 石麟：南唐徐陵年少时，僧人宝志摸着他的头说："这是天上的石麟啊。"南朝徐勉有奇才，族人称他为"人中骐骥，必能致千里"。

[2] 瓮里醯（xī）鸡：比喻见识不广。

[3] 马牛襟裾：马牛虽然穿着人衣，但依旧是牲畜的行为，比喻不识礼仪的人。

[4] 沐猴而冠：猕猴带着人的帽子很有人的模样，却办不成人事。

[5] 羊质虎皮：比喻只是白白地有好的衣冠。后来用来比喻徒有虚名，并无实际能力的人。

[6] 执牛耳：古代诸侯国之间盟誓时，要割下牛的耳朵，由主盟的人捧着，故称主盟者为执牛耳。

[7] 附骥尾：指苍蝇附在马尾巴上，可以行千里。

[8] 鸿雁哀鸣：用来比喻流离失所的灾民。

百足之虫[1],死而不僵,以其扶之者众;千岁之龟,死而留甲,因其卜之则灵[2]。大丈夫宁为鸡口,毋为牛后;士君子岂甘雌伏[3],定要雄飞[4]。毋局促如辕下驹[5],毋委靡如牛马走[6]。猩猩能言,不离走兽;鹦鹉能言,不离飞鸟。人惟有礼,庶可免《相鼠[7]》之刺;若徒能言,夫何异禽兽之心。

【注释】

[1] 百足之虫:指蜈蚣。
[2] 卜之则灵:古代占卜时烧烤龟甲,从裂纹来判断吉凶。
[3] 雌伏:屈居人下。
[4] 雄飞:奋发图强。
[5] 驹:两岁的马。
[6] 牛马走:指奔走的牛马。也常作自谦词。
[7] 相鼠:《诗经》中相鼠篇批评无礼的人。

花 木

　　植物非一，故有万卉[1]之名；谷种甚多，故有百谷之号。如茨[2]如梁[3]，谓禾稼之蕃[4]；惟夭[5]惟乔[6]，谓草木之茂。莲乃花中君子，海棠花内神仙。国色天香，乃牡丹之富贵；冰肌玉骨，乃梅萼[7]之清奇。

【注释】

[1] 卉：草的总称。

[2] 茨：是盖屋的茅草，形容厚实。

[3] 梁：车梁，形容粗壮。

[4] 蕃：茂盛。

[5] 夭：嫩而有生气。

[6] 乔：高。

[7] 梅萼（è）：指梅花。萼，在花瓣下部的一圈叶状绿色小片。

兰为王者之香，菊同隐逸之士。竹称君子，松号大夫。萱草[1]可忘忧，屈轶[2]能指佞。箢筜[3]，竹之别号；木樨，桂之别名。明日黄花[4]，过时之物；岁寒松柏，有节之称。樗栎[5]乃无用之散材，楩楠[6]胜大任之良木。

【注释】

[1] 萱草：又名忘忧草。
[2] 屈轶：黄帝时有一种屈轶草，奸佞的人来，草就指向他。
[3] 箢筜（yún dàng）：生长在水边的竹子。
[4] 明日黄花：苏轼《九日次韵王巩》诗有"相逢不用忙归去，明日黄花蝶也愁"句。后以"明日黄花"喻过时的事物。
[5] 樗栎：臭椿与橡树，比喻无用之人。
[6] 楩楠：古书上说的两种珍贵的木材。

玉版，笋之异号；蹲鸱[1]，芋之别名。瓜田李下[2]，事避嫌疑；秋菊春桃，时来迟早。南枝先，北枝后，庾岭之梅；朔而生，望而落，尧阶蓂荚[3]。苾刍[4]背阴向阳，比僧人之有德；木槿朝开暮落，比荣华之不长。芒[5]刺[6]在背，言恐惧不安；薰莸[7]异器，犹贤否有别。

【注释】

[1] 蹲鸱：芋的形状就像鸱鸟蹲坐。

[2] 瓜田李下：三国魏曹植《君子行》载，"君子防未然，不处嫌疑间。瓜田不纳履，李下不正冠。"后以"瓜田李下"指比较容易引起嫌疑，让人误会，而又有理难辩的场合。

[3] 尧阶蓂荚：传说尧帝的阶下生着一种蓂荚，初一开花，十五花落，很有规律。

[4] 苾刍：佛经中说的一种草，据说有五义：生不背日，冬夏常青，体形柔软，香气远腾，引蔓旁布，是佛的弟子，所以用来赞扬僧人。

[5] 芒：草尖。

[6] 刺：荆棘。

[7] 薰莸：薰是香草，莸是臭草，两者气味不同。

桃李不言，下自成蹊[1]；道旁苦李，为人所弃。老人娶少妇，曰枯杨生稊[2]；国家进多贤，曰拔茅连茹[3]。蒲柳[4]之姿，未秋先槁；姜桂之性，愈老愈辛。王者之兵，势如破竹；七雄之国，地若瓜分。苻坚望阵，疑草木皆是晋兵；索靖知亡[5]，叹铜驼会在荆棘。

【注释】

[1] 桃李不言，下自成蹊：古谚谓桃李成熟，人不期而至，树下自然踏成蹊径。

[2] 稊（tí）：杨柳生出的嫩芽。

[3] 茹：植物的地下部分。

[4] 蒲柳：水杨树，不到秋天就枯了。

[5] 索靖知亡：晋代索靖知道晋国就要灭亡，指着宫外的铜驼说："总有一天在荆棘中看到你。"

王祐[1]知子必贵，手植三槐；窦钧[2]五子齐荣，人称五桂。钮麑触槐[3]，不忍贼民之主；越王尝蓼[4]，必欲复吴之仇。修母画荻[5]以教子，谁不称贤；廉颇负荆以请罪，善能悔过。弥子瑕[6]常恃宠,将余桃以啖君;秦商鞅欲行令,使徙木以立信。

【注释】

[1] 王祐:宋代人,知道子孙一定会显贵,就亲手在院中种植了代表三公的三棵槐树。后来他的儿子果然当了宰相。
[2] 窦钧:五代人,五个儿子均及第做官。
[3] 钼麑(chū ní)触槐:《左传》记载,晋灵公无道,派钼麑去杀掉劝谏的赵宣子,钼麑说:"杀了为民做主的人不忠,违背君王的命令不信,不如去死。"于是在槐树上撞死了。
[4] 蓼:多年生草本植物,叶味辛辣。
[5] 荻:芦苇。
[6] 弥子瑕:卫灵公的宠臣,曾将自己吃过的甜桃给了灵公吃,卫灵公说:"真是忠心啊,忘记了自己曾经吃过。"后失宠,卫灵公说:"曾经将吃剩的桃子给我吃,没有比这更不敬的了。"

王戎卖李钻核,不胜鄙吝;成王剪桐封弟[1],因无戏言。齐景公以二桃杀三士,杨再思[2]谓莲花似六郎。倒啖蔗,渐入佳境;蒸哀梨,大失本真[3]。煮豆燃萁,比兄残弟;砍竹遮笋,弃旧怜新。元素致江陵之柑[4],吴刚伐月中之桂。

【注释】

[1] 剪桐封弟:周成王与弟弟叔虞一起玩,曾经将桐树叶削成玉玺的形状,戏言说:"我封你为诸候。"周公说:"君子无戏言。"于是周成王就封叔虞为晋侯。

[2] 杨再思:唐朝张宗昌小名六郎,很受武则天宠爱。杨再思担任内史,极力巴结张宗昌,有人赞美张宗昌说:"六郎似莲花。"杨说:"非也,是莲花似六郎。"

[3] 蒸哀梨,大失本真:南京有哀姓人家的梨非常大,味道很美,入口即消,若蒸而食之,则失真味。

[4] 江陵之柑:董元素,唐朝人,会法术。一日夜间,唐宣宗曾要他弄来江南的柑橘,董元素放了一个盒子在御榻前,一

会儿，有微风吹入，董元素打开盒子，里面装满了柑橘。

捐赀济贫，当仿尧夫之助麦[1]；以物申敬，聊效野人之献芹[2]。冒雨剪韭[3]，郭林宗款友情殷；踏雪寻梅[4]，孟浩然自娱兴雅。商太戊能修德，祥桑自死[5]；寇莱公有深仁，枯竹复生。王母蟠桃，三千年开花，三千年结子，故人借以祝寿诞；上古大椿，八千岁为春，八千岁为秋，故人托以比严君[6]。去稂莠[7]，正以植嘉禾；沃枝叶，不如培根本。世路之蓁芜[8]当剔，人心之茅塞须开。

【注释】

[1] 尧夫之助麦：宋范仲淹之子尧夫去东吴取租，路遇熟人石曼卿逢亲之丧，无力运灵柩回家，就一船把麦子松给了石曼卿作为返乡之资，回来后和范仲淹提起此事，与范仲淹不谋而合。

[2] 野人之献芹：相传古代有个人自觉老水芹美味，便在乡里的富豪面前称道。富豪听言尝了以后，既觉难吃又腹疼不已。

大家都讥笑这个人,他自己也感到很惭愧。
- [3] 冒雨剪韭:汉代郭林宗自己种菜,友人范达夜间来了,郭冒雨割韭菜做饼招待朋友。
- [4] 踏雪寻梅:唐孟浩然曾冒雪骑驴寻梅,说:"我的诗思正在风雪中的驴背上。"
- [5] 祥桑自死:商朝第九任君主太戊即位后,有祥桑树生长,七天后就合抱不过来。传说祥桑树是对施政者的警告。太戊于是实行德政,三天后祥桑树就死了。
- [6] 严君:父亲。
- [7] 稂莠:都是害苗之草。
- [8] 蓁芜:指荆棘。

增广贤文

【导读】

　　《增广贤文》又名《昔时贤文》《古今贤文》，是我国流传甚广、很有影响的一部蒙学读物。书名最早见于明代万历年间的戏曲《牡丹亭》，据此可推知此书最迟写成于万历年间。《增广贤文》汇编先贤的格言至论，它或集自雅言，或采录谚语，所谓有文言、有俗言，有直言、有婉言，有劝善言、勉戒言，有在家出家言，世宦治世言，隐逸出世言，士农工商，无所不备，典型地反映了古代中国人的人生态度和处世原则。后来经过明、清两代文人不断增补，形成了多个版本，内容也有很大的出入，名称也不一致。自清后期以来，《增广贤文》风靡全国，几乎家喻户晓，妇孺皆知。

　　清朝同治年间，有一位名叫周希陶的老学究，他在教课之余研读《增广贤文》，认为其中语病甚多。于是，他依据历代流传下来的诗词及经史子集里的句子，俗语、警句等，对其删削增益，重新修订，以警戒世人，启示来者。周希陶重新编著的《增广贤文》被称为《重订增广》。周希陶重订的《增广贤文》充实了一些内容，调整了语言表达的次序，标注了平、上、去、入四韵。因而，与旧本《增广贤文》相比较，它的内容更丰富，语言更精练，逻辑性较强，更通俗易懂，读来朗朗上口，易于记诵。周希陶重订的《增广贤文》是各个版本的《增广贤文》中内容最齐备、编排最合理、流传最广的一个版本。笔者也以此为底本，根据内容进行分段注释。

《重订增广》篇幅较长，全文一万余字，相对于"三百千"等蒙学读物而言略显冗长，但其通篇皆为浅显易懂的俗语、警句，并且不拘泥于格式，行文自由。其内容虽然看似杂乱无章，但是内部却暗含行文逻辑，不失为妙文。其内容大致分为：谈论人生及人际关系；描述事物发展规律及人生命运；论述为人处世的经验、智慧和原则，表达对义利、善恶、用人、交友、教子、读书、治家等问题的看法。在今天，其在很多方面仍有重要价值。首先，在伦理人情上，其倡导孝亲敬长，主张为人不但要有孝道，还要敬长和有悌义，也就是要尊敬师长，友爱兄弟。其次，在人与人的关系中，要求爱众亲仁。强调要爱人如己，宽厚待人。要求矜怜贫苦，体恤孤寡。要求见贤思齐，诚实守信。再者，在职业与道德上提倡敬德修业，在生活方式上要求勤俭勿贪。最后，在处世态度上，提倡乐观豁达，寓情自然。这些内容集中体现了我国古人的经验和智慧，特别是为人处世的经验、智慧和原则，包含着深刻的哲理，读来发人深省。其中许多格言和警句，至今仍广为流传。这些人生的经验和哲理，对于今人仍然具有很好的启迪作用。当然，《重订增广》的一些内容也受时代条件和作者看问题的观点、立场的局限，不可避免地带有封建社会的印记，对此，我们要加以甄别，在批判中学习，在继承中发展。

平　韵

昔时贤文[1]，诲[2]汝[3]谆谆[4]，集韵增广[5]，多见多闻。观今宜[6]鉴[7]古，无古不成今。

【注释】

[1] 贤文：是指能够规范人们道德行为的好文章。
[2] 诲：教导，教诲。
[3] 汝：你。
[4] 谆谆：恳切而不厌倦的样子。
[5] 集韵增广：选择押韵的文字汇集编成《增广贤文》。增广：增智慧，广见闻。
[6] 宜：应该。
[7] 鉴：镜子，此处指引以为鉴。

贤乃国之宝，儒为席上珍[1]。农工与商贾[2]，皆宜敦[3]五伦[4]。孝弟[5]为先务，本立[6]而道生[7]。尊师以重道，爱众[8]而亲仁[9]。

【注释】

[1] 儒为席上珍：是指儒雅之士以美德进身。出自《礼记·儒行》："哀公命席，孔子侍曰：'儒有席上之珍以待聘。'"儒，古时候对读书人的代称。

[2] 商贾：古时对商人的统称。

[3] 敦：诚恳。

[4] 五伦：封建社会将君臣、父子、夫妇、兄弟、朋友之间的五种关系称为五伦，认为这是社会的五种最为基本最为重要的关系，必须严格规范这五种关系。

[5] 孝弟：孝顺父母，尊敬兄长。弟，同"悌"，指尊敬兄长。出自《论语·学而》："君子务本，本立而道生。孝弟也者，其为人之本与！"

[6] 本立：立做人之本。

[7] 道生：理想的政治主张就会实现。道，指一定的政治主张，此处指儒家从家庭道德的孝悌，到博爱人类，进而到社会大同的主张。

[8] 爱众：博爱大众。
[9] 亲仁：亲近仁德之人。出自《论语·学而》："泛爱众而亲仁。"

钱财如粪土，仁义值千金。作事须循[1]天理，出言要顺人心。心术[2]不可得罪于天地，言行要留好样与儿孙。处富贵地，要矜怜[3]贫贱的痛痒；当少壮时，须体念[4]衰老的酸辛。

【注释】
[1] 循：遵循，遵守。
[2] 心术：心计，计谋，心思。
[3] 矜怜：怜悯，怜惜，同情。
[4] 体念：体恤，体谅。

孝当竭力，非徒养身[1]。鸦有反哺之孝[2]，羊知跪乳之恩[3]。岂无远道思亲泪，不及高堂[4]念子心。爱日以承欢[5]，莫待丁兰[6]刻木祀；椎牛[7]而祭墓，不如鸡豚逮亲存[8]。

【注释】
[1] 孝当竭力，非徒养身：指儿女应当尽心

竭力，恭敬地孝顺父母，而不仅仅是养活他们。出自《论语·为政》："子游问孝。子曰，'今之孝者，是谓能养。至于犬马，皆能有养；不敬，何以别乎？'"徒，只是。

[2] 鸦有反哺之孝：小乌鸦长大后会衔来食物喂养自己的母亲。

[3] 羊知跪乳之恩：羊羔在吃奶时跪在地上，就像在感谢母亲的恩情。

[4] 高堂：指父母。

[5] 爱日以承欢：子女侍奉父母，膝下承欢要珍惜时日。指父母的生命是有限的，做子女的孝敬父母的日子也是有限的，所以要珍惜父母在世的时光，及时尽孝。

[6] 丁兰：人名，汉代著名的孝子，相传为东汉时期河内（今河南黄河北）人，幼时父母双亡。他经常思念父母的养育之恩，却又不能奉养父母以尽孝道，于是用木头刻出父母的雕像，像活人一样供奉，每日三餐敬过双亲后自己才食用，出门前一定禀告，回家后一定要打声招呼，从不懈怠。时间长了，其妻厌恶，

对木像便不太恭敬了，竟用针刺木像的手指，而木像的手指居然有血流出。丁兰回家，见木像眼中垂泪，问知实情，遂将妻子休弃。

[7] 椎牛：杀牛。

[8] 不如鸡豚逮亲存：这句话意思是，要趁父母在世的时候常用鸡肉、猪肉等好东西侍奉。豚，猪。逮，到，及。

兄弟相害，不如友生[1]；外御其侮[2]，莫如兄弟。有酒有肉多兄弟，急难何曾见一人。一回相见一回老，能得几时为弟兄。父子和而家不败，兄弟和而家不分，乡党[3]和而争讼[4]息[5]，夫妇和而家道兴。只缘[6]花底莺声[7]巧，遂使天边雁影[8]分。

【注释】

[1] 友生：朋友。

[2] 外御其侮：抵抗外来的欺悔。侮，欺负，欺压。

[3] 乡党：乡亲，邻里。

[4] 争讼：口角，官司。

[5] 息：平息。

[6] 缘：因为。

[7] 花底莺声：比喻妻妾的言语。

[8] 天边雁影：比喻兄弟。

    诸[1]恶莫作，众善奉行。知己知彼[2]，将心比[3]心。责[4]人之心责己，爱己之心爱人。再三须慎意[5]，第一莫欺心[6]。宁可人负[7]我，切莫我负人。

【注释】

[1] 诸：诸多，各种。

[2] 彼：别人，对方。

[3] 比：比照，衡量。

[4] 责：要求。

[5] 慎意：谨慎从事，不要想干坏事。

[6] 欺心：指违背良心干坏事。

[7] 负：对不起。

    贪爱沉溺即苦海，利欲炽燃[1]是火坑。随时[2]莫起趋时[3]念，脱俗休存[4]矫俗心[5]。横逆困穷[6]，直从起处[7]讨由来[8]，则怨[9]尤[10]自息[11]；功名[12]富贵，还向灭时观究竟[13]，则贪恋自轻。

【注释】

[1] 炽燃：比喻贪心。

[2] 随时：顺应时势。

[3] 趋时：迎合时尚，趋炎附势。

[4] 休存：不要有。

[5] 矫俗心：强行去纠正习俗的想法。

[6] 横逆困穷：指处境很不顺利，穷困潦倒。

[7] 起处：事情的起源处。

[8] 讨由来：探讨考究事情发生的缘由。

[9] 怨：怨恨。

[10] 尤：怨恨，归咎。

[11] 息：平息，消失。

[12] 功名：功业和名声。旧指科举称号或官职名位。

[13] 观究竟：察看结果。

昼坐惜阴[1]，夜坐惜灯。读书须用意[2]，一字值千金。

【注释】

[1] 阴:光阴,时间。

[2] 意:心思,想法。

　　酒逢[1]知己饮,诗向会[2]人吟[3]。相识满天下,知心能几人。相逢好似初相识,到老终无怨恨心。平生不作皱眉事[4],世上应无切齿[5]人。栖迟[6]蓬户[7],耳目虽拘[8]而神情自旷[9];结纳[10]山翁[11],仪文[12]虽略[13]而意念常真。

【注释】

[1] 逢:遇到。

[2] 会:懂,理解,领悟。

[3] 吟:吟唱,声调抑扬顿挫地唱。

[4] 皱眉事:比喻坏事、亏心事。

[5] 切齿:咬牙切齿的憎恨,形容愤恨到了极点。这两句出自宋代理学家邵雍《答乡人诗》:"平生不作皱眉事,天下应无切齿人。"

[6] 栖迟:栖息,居住。

[7] 蓬户:茅草屋。

[8] 拘:局限。

[9] 旷：宽广，辽阔，形容心情舒服轻松。

[10] 结纳：结交，认识。

[11] 山翁：山野之人，指纯朴简单的人。

[12] 仪文：礼节，礼仪。

[13] 略：简单，简略。

  萤[1]仅自照，雁不孤行。苗从蒂[2]发，藕由莲生。近水知鱼性，近山识鸟音。路遥知马力，事久见人心。运[3]去金成铁，时来铁似金。马行无力皆因瘦，人不风流只为贫。近水楼台先得月，向阳花木早逢春[4]。饶[5]人不是痴汉[6]，痴汉不会饶人。不说自己桶索[7]短，但怨人家箍井[8]深。

【注释】

[1] 萤：萤火虫。

[2] 蒂：花或瓜果果实与枝茎相连接的部分。

[3] 运：时运，运气。

[4] 近水楼台先得月，向阳花木早逢春：这两句出自宋代苏麟的《献范仲淹诗》，后常用来比喻靠近某人某物可以优先得到便利和关照。此处比喻接近美好的人或

事会使自己也受益变好。
[5] 饶：退让，饶恕，宽恕。
[6] 痴汉：笨蛋，傻瓜。
[7] 桶索：用来打水的吊桶上的绳索。
[8] 箍井：用砖石箍砌的井筒子。

　　美不美乡中[1]水，亲不亲故乡人。割不断的亲，离不开的邻。相见易得好，久住难为人。客来主不顾，应恐是痴人。在家不会迎宾客，出路[2]方知少主人[3]。

【注释】

[1] 乡中：家乡的。
[2] 出路：指出访亲友。
[3] 少主人：主人不热情招待，不像主人应有的样子。

　　群居守口[1]，独坐防心[2]。志从肥甘丧[3]，心以淡泊明[4]。有钱堪[5]出众，遭难莫寻亲。远水难救近火，远亲不如近邻。两人一般心[6]，有钱堪买金；一人一般心[7]，无钱堪买针。力微休负重，言轻[8]莫劝人。听话如尝汤[9]，交财[10]始见心。易涨易退山溪水，易反易覆[11]小人心。画虎难画皮，画人难画骨[12]，知人知面不知心。谁人背后无人说，哪个人前不说人？

【注释】

[1] 守口：说话小心慎重。

[2] 防心：不要胡思乱想，防止邪僻之心。

[3] 志从肥甘丧：志气往往因贪图于美食而丧失。肥甘，美味的食品。这里指优越的生活条件。丧，丧失。

[4] 心以淡泊明：心境因寡欲而明净。淡泊，恬淡寡欲，不追求名利。

[5] 堪：可以，能够。

[6] 两人一般心：指众人同心同德。两人，泛指多个人。一般心，共同的想法，一条心。

[7] 一人一般心：每个人一个想法，形容离心离德。

[8] 言轻：轻易，也指说话没有分量和影响。

[9] 尝汤：品味之意。

[10] 交财：涉及到财务的交易。

[11] 易反易覆：反复无常，不信守承诺，没有持之以恒的行为标准。
[12] 画骨：画出人的骨骼，形容看出人的本质。

但[1]行好事，莫问前程[2]。钝[3]鸟先飞，大器[4]晚成。千里不欺孤，独木不成林。

【注释】
[1] 但：只要，仅仅。
[2] 莫问前程：不要想着回报。
[3] 钝：迟钝，呆笨。
[4] 大器：大的成就。

贫居闹市无人问[1]，富在深山有远亲。人情似纸张张薄，世事如棋局局新。世人[2]结交须黄金，黄金不多交不深，纵令然诺暂相许[3]，终是悠悠行路心[4]。

【注释】
[1] 问：关心，过问。
[2] 世人：世俗之人。
[3] 纵令然诺暂相许：即使别人暂时许诺答应

自己的请求。纵，即使。暂相许，暂时
许诺。
[4] 行路心：像路人一样的心态，漠不关心，
形容许诺都是敷衍之计。

当局者昧[1]，旁观者明[2]。河狭水急，人
急计生[3]。饱暖思淫泆[4]，饥寒起[5]盗心。飞蛾
扑灯甘就镬[6]，春蚕作茧自缠身。

【注释】

[1] 昧：模糊，不清楚，不了解。
[2] 明：清楚，明白。
[3] 人急计生：形容急中生智。计，计谋，
方法。
[4] 淫泆（yì）：淫乱放荡。泆，放纵。
[5] 起：产生。
[6] 就镬（huò）：比喻赴死。镬，大锅，这
里指烧沸的油锅。

江中后浪催[1]前浪，世上新人赶旧人。人
生一世，草生一春。来如风雨，去似微尘[2]。
闹里有钱，静处安身。明知山有虎，莫向虎山

244

行。莺花犹怕风光老,岂可教人枉度春[3]。相逢不饮空归去[4],洞口桃花也笑人。

【注释】

[1] 催:催促,追赶。
[2] 来如风雨,去似微尘:形容人生来去匆匆,死后无影无踪,犹如尘埃般无人注意到。
[3] 枉度春:白白地浪费时光。
[4] 空归去:什么都没做就离开。

　　昨日花开今日谢[1],百年人有万年心[2]。北邙[3]荒冢[4]无贫富,玉垒浮云变古今[5]。幸名[6]无德[7]非佳兆[8],乱世多财是祸根。世事茫茫难自料[9],清风明月冷看人。劝君莫作守财虏[10],死去何曾带一文。血肉身躯且归泡影[11],何论影外之影[12];山河大地尚属微尘[13],而况尘中之尘[14]。

【注释】

[1] 谢:凋谢。
[2] 百年人有万年心:形容人的寿命非常短

暂,不过百年,但人的心却很大,总想着千年万年的事情。

[3] 北邙:河南洛阳北面一座山名,是古人陵墓区,这里泛指墓地。

[4] 荒冢:荒废的坟墓。

[5] 玉垒浮云变古今:从古到今玉垒山的浮云都变幻莫测,形容人生时光流逝,世事无常。出自杜甫诗《登楼》。

[6] 幸名:侥幸而得非分之名。

[7] 无德:没有好的品德,形容名不副实。

[8] 佳兆:好的兆头。

[9] 料:预料,预期。

[10] 守财虏:守财奴,指人把金钱看得高于一切而忘记了人生本来的意义。虏,奴隶。

[11] 泡影:水泡和影子。比喻事物的虚幻不实和落空的希望。

[12] 影外之影:指财产。前句将人的血肉之躯比作泡影,此处将钱财比作人的影子,强调钱财的无足轻重。

[13] 山河大地尚属微尘:山河大地在茫茫宇宙中尚且只相当于一粒微尘。

[14] 尘中之尘：指人，意在比喻人在宇宙中的渺小。

　　速效[1]莫求，小利莫争。名高妒起，宠[2]极谤[3]生。众怒难犯，专欲[4]难成。物极必反[5]，器满则倾[6]。欲知三叉路，须问去来人。

【注释】

[1] 速效：立即发生效果，马上有结果。速，快速。
[2] 宠：宠爱。
[3] 谤：诽谤，污蔑，说坏话。
[4] 专欲：只顾自己利益的想法。
[5] 物极必反：事物发展到了极限的时候，就会向着相反的方向变化。
[6] 器满则倾：一个器具盛得太满就会倾倒。

　　三十年前人寻病，三十年后病寻人。大富由[1]命[2]，小富由勤。自恨枝无叶，莫谓日无阴[3]。一年之计[4]在于春，一日之计在于寅[5]。一家之计在于和[6]，一生之计在于勤。

【*注释*】

[1] 由：取决于。

[2] 命：命运，机遇，机会。

[3] 自恨枝无叶，莫谓日无阴：是指事情不够理想要主动从自身找问题，要怨恨自己不努力，而不能指责客观条件不具备，不能怨天尤人。恨，埋怨，不满意。

[4] 计：关键，重要的事情。

[5] 寅：寅时，古时将一天划分为十二个时辰，计算每天的时间，寅时是十二时辰之一，相当于现在二十四小时计时法中每天的三点至五点。在此是清晨的意思。

[6] 和：和睦，和谐。

择婿观头角[1]，娶女访幽贞[2]。大抵[3]取他根骨[4]好，富贵贫贱非所[5]论[6]。无限[7]朱门[8]生饿殍[9]，几多白屋[10]出公卿[11]。凌云甲第[12]更[13]新主，胜概[14]名园非旧人。

【*注释*】

[1] 头角：指人的气概和基本素质。传说头顶左右突出的人有才华。

[2] 幽贞：指德行、贞操。

[3] 大抵：大概，主要，基本上。

[4] 根骨：指人的品质、德行等。

[5] 所：需要，应该。

[6] 论：考虑。

[7] 无限：无数。

[8] 朱门：富贵人家。

[9] 饿莩（piǎo）：饿死的人。

[10] 白屋：用茅草覆盖的房子，指贫民之家。

[11] 公卿：泛指位高权重的朝廷官员。

[12] 凌云甲第：豪华的府宅，泛指达官显贵们的住宅。

[13] 更：改换。

[14] 胜概：盛大的景象。

众口难辩，孤掌难鸣。当场不战，过后兴兵。一肥遮百丑，四两拨千斤。无病休嫌瘦，身安莫怨贫。岂能尽如人意，但求不愧我心。雨露不滋[1]无本[2]草，混财[3]不富命穷人。

【注释】

[1] 滋：滋润，浇灌。

［2］ 无本：没有根。

［3］ 混财：不正当的钱财，飞来横财。

  慢藏诲盗[1]，冶容诲淫[2]。偏听[3]则暗，兼听[4]则明。耳闻是虚，眼见是真。一犬吠影，百犬吠声[5]。莫信直中直，须防仁不仁[6]。虎身犹可近，人毒不堪[7]亲[8]。来说是非者，便是是非人。世路由他险，居心任我平。惺惺[9]常不足，懵懵[10]作公卿。遍身绮罗者，不是养蚕人[11]。

【注释】

［1］ 慢藏诲盗：收藏财物不谨慎，无异于教人来偷窃。慢，怠慢，疏忽。诲，教。

［2］ 冶容诲淫：女子打扮得过分娇艳，无异于引诱人来调戏自己。冶容，妖艳的打扮。

［3］ 偏听：只听某个人的只言片语。

［4］ 兼听：听取各种不同的意见。

［5］ 一犬吠影，百犬吠声：一只狗朝着影子叫，就会引来上百只狗听见声音而跟着叫。

［6］ 莫信直中直，须防仁不仁：这两句意思是有些人看起来直爽和讲仁义，其实是伪

善、奸诈之徒，不要轻易相信表面上的正直，而要防备别人心存不良。莫信，不要相信。直，正直。不仁，不讲道义。

[7] 堪：能，可以。
[8] 亲：亲近，深交。
[9] 惺惺：聪慧伶俐之人。
[10] 憨憨：糊涂的人。
[11] 绮罗：用绸缎织成的华丽衣服。"遍身罗绮者，不是养蚕人"出自张俞《蚕妇》诗。

毋私小惠[1]而伤大体，毋借公论[2]而快私情。毋以己长而形[3]人之短，毋因己拙而忌[4]人之能。勿恃[5]势力而凌[6]逼孤寡，勿贪口腹而恣[7]杀牲禽。倚势凌人，势败人凌我；穷巷追狗，巷穷[8]狗咬人。见色而起淫心，报[9]在妻女；匿[10]怨而用暗箭，祸延子孙。

【注释】

[1] 毋私小惠：不要贪图小便宜。
[2] 公论：冠冕堂皇的理由。
[3] 形：比照。

[4] 忌：嫉恨，嫉妒。

[5] 恃：凭借，依仗。

[6] 凌：欺负，侮辱。

[7] 恣：放纵，随意。

[8] 巷穷：巷子的尽头。穷，尽，完，到头。

[9] 报：报应。

[10] 匿：藏匿，隐藏。

先到为君，后到为臣。莫道君行早，更有早行人。灭却心头火[1]，剔[2]起佛前灯。平日不作亏心事，半夜敲门心不惊。牡丹花好空入目[3]，枣花虽小结实成。

【注释】

[1] 火：欲望之火，指各种物欲。

[2] 剔：指剔除灯花，挑亮灯的捻子。

[3] 空入目：只能看在眼里，形容华而不实。

众星朗朗[1]，不如孤月独照；照塔层层[2]，不如暗处一灯。鼓打千椎，不如雷轰一声；良田百亩，不如薄技[3]随身。富厚福泽[4]，不过厚吾之生；贫贱忧戚，乃是玉汝于成[5]。

【注释】

[1] 朗朗：闪烁，璀璨。

[2] 照塔层层：每层都点着灯的高塔。

[3] 薄技：简单的技巧，小手艺。

[4] 富厚福泽：指钱财多、福分大。厚，多。泽，大。

[5] 玉汝于成：帮你取得成功。玉，怀着爱心帮助。

　　命薄福浅，树大根深。非上上智[1]，无了了[2]心。讳疾忌医[3]，掩耳盗铃。烈士[4]让千乘[5]，贪夫争一文[6]。气是无明火，忍是敌[7]灾星。但存方寸地[8]，留与子孙耕。

【注释】

[1] 上上智：指绝顶聪明的人。

[2] 了了：明白理解，大彻大悟。

[3] 讳疾忌医：隐瞒疾病，不愿医治。比喻怕人批评而掩饰自己的缺点和错误。讳，

避忌。忌,怕,畏惧。
[4] 烈士:指志存高远,有建功立业的雄心壮志之人。
[5] 千乘:古时有四匹马一起拉的车称为乘,是很奢华的交通工具,也是地位和财富的象征。千乘在此比喻很多。
[6] 一文:一文钱,比喻财物很少。
[7] 敌:对抗,抵御。
[8] 方寸地:指心。

万事劝人休瞒昧[1],举头三尺有神明。为恶畏人知,恶中犹有善路[2];为善急[3]人知,善处即是恶根[4]。贫贱骄人,虽涉[5]虚矫[6],还有几分侠气;奸雄欺世,纵似挥霍[7],全没半点真心。

【注释】
[1] 瞒昧:隐瞒。
[2] 为恶畏人知,恶中犹有善路:大意是做坏事怕人知道,说明还有善根,还有回到正确的道路的可能。畏,害怕,担心。犹,仍然。善路,指走上正确的道路。

[3] 急：急切地想着。

[4] 恶根：罪恶的根源。

[5] 涉：属于。

[6] 虚矫：表面上强大的样子。

[7] 挥霍：大方，豪爽，不吝啬钱财。

扫地红尘飞，才著工夫便起障[1]；开窗日月进，能通灵窍自生明[2]。发念处即遏三大欲[3]，到头时方全一点真。

【注释】

[1] 扫地红尘飞，才着工夫便起障：刚开始用一点功夫，做一些努力，便生出了杂念，产生了不好的东西，就像刚一扫地就飞起了尘土。著，用，下，做。障，指杂念、烦恼。

[2] 开窗日月进，能通灵窍自生明：一打开窗户太阳和月亮的光亮就能照进来，因为窗户中间空着，所以光线就照进来了。比喻心中没有杂念而达到宁静自安的精神境界。通灵窍，心中空灵，没有一丝杂念。

[3] 发念处即遏三大欲：出自《论语》，"少年血气未定，戒之在色；壮年血气方刚，戒之在斗；老年血气既定，戒之在得。"发，产生，出现。念，欲望。处，时候。遏，制止。三大欲，指色、斗、财。

守分安命，趋吉避凶。识真方知假，无奸不显忠。人无千日好，花无百日红[1]。人老心不老，人穷志不穷[2]。座上客常满，杯中酒不空。礼义兴于富足，盗贼出于贫穷。乍[3]富不知新受用[4]，乍贫难改旧家风。天上有星皆拱北，世间无水不朝东[5]。白发不随人老去，转眼又是白头翁。屋漏更遭连夜雨，船慢又被打头风。笋因落箨[6]方成竹，鱼为奔波始化龙。

【注释】

[1] 人无千日好，花无百日红：比喻人和其他事物一样不可能一直都处于好的状态。
[2] 穷：缺乏。
[3] 乍：突然。
[4] 新受用：新的生活用度。指奢华富足的

生活。

[5] 天上有星皆拱北，世间无水不朝东：这两句是比喻世间万物都遵循着不可抗拒的规律而运行。天上有星皆拱北，指天上群星都围绕着北极星。世间无水不朝东，指所有的河流都东流入海。

[6] 箨（tuò）：笋壳。

汝惟[1]不矜[2]，天下[3]莫[4]与汝争能；汝惟不伐[5]，天下莫与汝争功。明不伤察[6]，直[7]不过矫[8]。仁能善断[9]，清能有容[10]。不尽人之欢，不竭人之忠。不自是[11]而露才，不轻试[12]以幸功[13]。受享不逾[14]分[15]外，修[16]持[17]不减分中[18]。待人无半毫诈伪欺隐[19]，处事只一味[20]镇定从容。肝肠煦[21]若春风，虽囊乏一文，还怜茕独[22]；气骨清如秋水，纵[23]家徒四壁[24]，终傲王公。急行缓行，前程只有许多路；逆取顺取[25]，到头总是一场空。

【注释】

[1] 惟：只要。

[2] 矜：高傲自负，自尊自大。

[3] 天下：代指世上的人。

[4] 莫：没有，不会。

[5] 伐：自夸。

[6] 明不伤察：明察而又疏忽于详察。明，明察。伤，疏忽，忽略。

[7] 直：正直。

[8] 矫：矫枉过正。

[9] 仁能善断：仁慈又能善于决断。

[10] 清能有容：清廉而又大度，能够容纳他人。

[11] 自是：自以为是。

[12] 试：指显身手。

[13] 幸功：侥幸取得成功。

[14] 逾：逾越，超过。

[15] 分：本分，范围。

[16] 修：修养，保持。

[17] 持：操守，泛指对自己的要求。

[18] 中：恰如其分，不偏不倚。

[19] 诈伪欺隐：欺诈，虚伪，隐瞒。

[20] 一味：一直，坚定的。

[21] 煦：温暖。

[22] 茕独：孤独没有依靠的人。茕，没有兄弟。独，没有子女。

[23] 纵:即使。

[24] 徒:只有,仅仅。

[25] 逆取顺取:强求或不强求。泛指以各种方式获取财物。

　　生不认[1]魂,死不认尸。好言难得,恶语易施[2]。美玉可沽[3],善贾[4]且待[5];瓦甑[6]既堕[7],反顾[8]何为。

【注释】

[1] 认:知道,了解。

[2] 易施:容易说出口。

[3] 沽:估价,买卖。

[4] 善贾:好的商人,识货的人。

[5] 且待:耐心等待。

[6] 甑:一种蒸饭的器具。

[7] 堕:掉下来,坠落。

[8] 反顾:回过头看。

　　英雄行险道,富贵似花枝[1]。人情莫道春光好,只怕秋来有冷时。父母恩深终有别,夫妻义重也分离。人生似鸟同林宿[2],大限[3]来时各自飞。早把甘旨[4]勤奉养,夕阳光景[5]不多时。

【注释】

[1] 似花枝：指如同花枝一样虽然景色怡人却不长久。

[2] 同林宿：比喻在一起生活。宿，栖息，生活。

[3] 大限：死期。比喻难以逃过的劫难。

[4] 甘旨：美味。此处指奉养父母的美味食物。

[5] 夕阳光景：黄昏的景色。比喻人的晚年时光。

人善被人欺，马善被人骑。人恶人怕天不怕，人善人欺天不欺[1]。善恶到头终有报，只争来早与来迟。龙游浅水遭虾戏，虎落平阳[2]被犬欺。但将冷眼观螃蟹，看你横行到几时。黄河尚有[3]澄清日，岂有人无得运时。十年窗下[4]无人识，一举成名天下知。燕雀[5]那知鸿鹄[6]志，虎狼岂被犬羊欺。事业文章[7]，随身消毁，而精神万古不灭；功名富贵，逐世转移，而气节千载如斯[8]。

【注释】

[1] 人恶人怕天不怕,人善人欺天不欺:这两句话断句应为:人恶/人怕/天不怕,人善/人欺/天不欺。是说人们怕恶人,但上天并不惧怕恶人;人们欺负善良的人,但上天并不欺负善良的人。是比喻上天自有公道,善有善报,恶有恶报,遵守道德规范的人终会得到公正的对待。

[2] 平阳:指平原地区,比喻不适应的环境。

[3] 尚有:尚且,还会。

[4] 十年窗下:也称"十年寒窗",指科举及第之前的埋头苦读,后来常用来比喻成就大事业之前的默默无闻的艰苦奋斗。

[5] 燕雀:燕子、麻雀等小鸟。比喻没有志向的凡夫俗子。

[6] 鸿鹄:天鹅,比喻有远大志向的人。

[7] 事业文章:比喻外在的各种成就。

[8] 气节千载如斯:指气节不会因为时间的变化而变更。如斯,如此,这样,永恒。

　　得宠思辱,居安思危。国乱思良相,家贫思良妻。荣宠旁边辱等待,贫贱背后福跟随。

成名每[1]在穷苦日，败事多因得意时。声妓[2]晚景[3]从良[4]，半世之烟花[5]无碍；贞妇白头失守，一生之清苦俱非[6]。

【注释】
[1] 每：经常，总是。
[2] 声妓：歌妓。
[3] 晚景：晚年。
[4] 从良：指妓女脱离卖身生涯，像良家妇女一样生活。
[5] 烟花：指歌妓卖艺的生活。
[6] 俱非：都是不对的。

闲事休管，无事早归。假饶[1]染就真红色，也被旁人说是非。常将酒钥[2]开眉锁[3]，莫把心机[4]织鬓丝。为人莫作千年计，三十河东四十西。秋虫春鸟，共畅天机[5]，何必浪[6]生悲喜；老树新华[7]，同含生意，胡为[8]妄[9]别[10]妍媸[11]。

【注释】
[1] 假饶：即使，即便。饶，尽管。

[2] 酒钥：这里把酒比喻为一把解愁的钥匙，泛指解除忧愁的方法。
[3] 眉锁：指忧愁、烦恼。
[4] 心机：指思虑太多。
[5] 共畅天机：都充满勃勃生机。
[6] 浪：随便。
[7] 新华：新开的花。华，同"花"。
[8] 胡为：为何。
[9] 妄：胡乱，荒诞而不合理。
[10] 别：区别。
[11] 妍媸：指美丑。

  许人一物，千金不移[1]。一言既出，驷马[2]难追。鄙[3]啬[4]之极，必生奢男[5]；厚德之至，定产佳儿。日勤三省[6]，夜惕四知[7]。博学而笃志[8]，切问[9]而近思[10]。

【注释】
[1] 移：变更。
[2] 驷马：指驾一车之马。
[3] 鄙：鄙视，看不起。
[4] 啬：吝啬，小气。

263

[5] 奢男：奢侈的后代。
[6] 三省：出自《论语·学而》，"吾日三省吾身。"省，反省，反思。
[7] 四知：指天知、神知、子（你）知、我知。相传东汉杨震为官清廉，曾举荐自己的学生王密任昌邑县令。他在任东莱太守时，有一次路过昌邑，王密夜里带着十斤黄金准备送给杨震。杨震不肯接受。王密说："现在正是夜晚，没有人知道。"杨震反驳道："天知、神知、子知、我知，何谓无知！"王密非常惭愧地离开了。后来常用"夜惕四知"来形容和告诫人们不能因为没有人知道就肆意妄为。
[8] 笃志：坚持理想而不改变。
[9] 切问：向别人请教自己不理解的问题。
[10] 近思：勤于由近及远地思考。

少年不努力，老大徒伤悲。惜钱休教子，护短[1]莫从师。须知孺子可教[2]，勿谓童子[3]何知。一举[4]首登龙虎榜[5]，十年身到凤凰池[6]。

进德修业，要个木石的念头[7]，若稍涉矜夸，便趋欲境；济世经邦[8]，要段云水的趣味[9]，若[10]一有贪恋，便堕危机。

【注释】

[1] 护短：溺爱，维护自己身边人的短处或错误。

[2] 孺子可教：值得教育的年轻人。形容年轻人有潜力，可以把知识、本领传授给他。

[3] 童子：未成年的男孩。

[4] 举：指科举考试。

[5] 龙虎榜：古时对公布科举结果的榜单的别称。

[6] 凤凰池：指在朝廷的重要部门，此处比喻身居高位。

[7] 木石的念头：像木头和石头一样坚实的念头，形容坚定沉稳，没有趋名逐利的念头。

[8] 经邦：经营治理国家。

[9] 云水的趣味：比喻像云彩和流水一样自由超脱、无拘无束的情趣。

[10] 若：假如。

官清书吏[1]瘦,神灵庙祝[2]肥。若要人不知,除非己莫为。静坐常思己过,闲谈莫论人非。友如作画须求淡[3],邻有淳风不攘[4]鸡。小窗莫听黄鹂语[5],踏破荆花[6]满院飞。平生最爱鱼无舌[7],游遍江湖少是非。无事常如有事时提防,才可以弥[8]意外之变;有事常如无事时镇定,才可以消局中之危。

【注释】

[1] 书吏:泛指官衙中的一切官员。

[2] 庙祝:寺庙里掌管香火的人。

[3] 须求淡:应该追求淡泊、简单。

[4] 攘:盗窃。

[5] 黄鹂语:喻指闲言碎语。黄鹂,鸟名。

[6] 荆花:代指兄弟。相传在京兆田氏一家有三个兄弟,三人准备分家,家中堂前有一颗荆树,三人也欲平分,第二天树即枯死。见状,大哥对两个弟弟说:"树木尚且有灵性,难道我们还不如树木吗?"三人因此决定不再分家,树也又活过来了,并且长势茂盛。该典故出自南朝梁吴均《续齐谐记》。

[7] 鱼无舌：比喻说话少，不说闲言碎语，不搬弄是非。

[8] 弥：弥补，应对。

　　三人同行，必有我师。择其善者而从[1]，其不善者改之。养心莫善于寡欲，无恒不可作巫医。狎昵[2]恶少，久必受其累[3]；屈志[4]老成[5]，急则可相依。心口如一，童叟[6]无欺。人有善念，天必佑之。过则无惮[7]改，独则毋[8]自欺。道[9]吾好者是吾贼[10]，道吾恶者是吾师。

【注释】

[1] 从：学习，跟随。

[2] 狎昵：不正当的亲近、亲热。

[3] 累：连累，祸害。

[4] 屈志：克制约束自己。

[5] 老成：指阅历丰富，熟悉世事。

[6] 童叟：老人和小孩。

[7] 惮：担心，害怕。

[8] 毋：无，不。

[9] 道：说，指出。

[10] 吾贼：对我有害的人。

入观庭户知勤惰,一出茶汤便见妻。父老奔驰[1]无孝子,要知贤母看儿衣。入门休问荣枯[2]事,观看容颜便得知。

【注释】
[1] 奔驰:为了生计奔波劳累。
[2] 荣枯:兴盛与衰落。

养儿代老[1],积谷防饥。常将有日思无日,莫待无时想有时。守己不贪终是稳,利人所有[2]定遭亏。美酒饮当微醉候[3],好花看到半开时[4]。当路[5]莫栽荆棘树,他年免挂子孙衣。望于天,必思己所为;望于人,必思己所施。贪了牲禽的滋益[6],必招性分[7]的损;占了人事的便宜,必受天道的亏。

【注释】
[1] 代老:给老人做事情。
[2] 利人所有:贪图别人的财物,占便宜。
[3] 候:时候。
[4] 看到半开时:在半开的时候观赏。
[5] 当路:用来通行的道路。

[6] 滋益：滋养，补充。
[7] 性分：人的天性。

出家如[1]初，成佛有余。三心[2]一净，四相[3]俱无。着意[4]于无，即是有根未斩[5]；留心于静，便为动芽未锄[6]。

【注释】
[1] 如：像，和……一样。
[2] 三心：佛教用语，指过去心、现在心和未来心。
[3] 四相：佛教用语，指无人相、无我相、无众生相、无寿者相。
[4] 着意：固执地追求。
[5] 斩：斩断，消除。
[6] 锄：除去，消灭。

鹬蚌相持，渔人得利。城门失火，殃及池鱼[1]。人而无信，百事皆虚。言称圣贤，心类穿窬[2]。学不尚实行，马牛而襟裾[3]。欲求生富贵，须下苦工夫。既耕亦已种，时还读我书。

【注释】

[1] 城门失火，殃及池鱼：城门着火了，用池水救火，火灭了，池却干了，池里的鱼也就活不成了。比喻与事情本无关系的人受到无端牵连。

[2] 穿窬（yú）：穿墙，代指盗窃。窬，门旁的小洞。

[3] 马牛而襟裾：就像给马牛穿上衣服一样。襟裾，衣服。比喻华而不实，没有实际价值。

　　结交须胜己[1]，似我不如无。同君一夜话，胜读十年书。求人须求大丈夫，济人须济急时无[2]。渴一滴如甘露[3]，醉后添杯不如无。作事惟求心可以，待人先看我何如。害人之心不可有，防人之心不可无。酒中不语真君子，财上分明大丈夫。白酒酿成缘好[4]客，黄金散尽为收书[5]。

【注释】

[1] 胜己：超过自己。

[2] 急时无：急需却没有的东西。

[3] 甘露：甘美的露水。

[4] 好：爱，喜欢，爱好。

[5] 收书：收藏书籍。

竹篱茅舍风光好，道院僧房总不如。炮凤烹龙[1]，放箸[2]时与盐齑[3]无异；悬金佩玉，成灰处于[4]瓦砾何殊[5]。先达[6]笑[7]弹冠[8]，休向侯门轻束带[9]；相知犹按剑[10]，莫从世路暗投珠[11]。厚时说尽知心，恐妨薄后发泄。少年不节嗜欲，每致中道[12]而殂[13]。

【注释】

[1] 炮凤烹龙：比喻制作精美名贵的食物。炮，古代的一种烹任方法。

[2] 放箸：放下筷子，指吃完之后。

[3] 齑：指用来调味的葱姜蒜等的碎末儿。

[4] 于：与，和。

[5] 殊：区别。

[6] 先达：前辈贤达之士。

[7] 笑：讥笑。

[8] 弹冠：弹去帽上的灰尘，这里代指为官。

[9] 束带：系束腰带，整饬衣冠，是一种向人

表示恭敬和尊重的姿态。这里比喻为别人效力。
[10] 犹按剑：如同拿着刀剑。比喻要掌握分寸。
[11] 暗投珠：将明珠扔到暗处，比喻埋没了人才。这里指好人失足做不应该做的事。
[12] 中道：中途。
[13] 殂（cú）：死亡。

　　水至清，则无鱼；人至察[1]，则无徒[2]。痴人畏妇，贤女敬夫。妻财之念重，兄弟之情疏。宁可正而不足，不可邪而有余。认真还自在，作假费工夫。是非朝朝有，不听自然无。久住令人贱[3]，频来亲也疏。但[4]看三五日，相见不如初。人情似水分高下，世事如云任卷舒[5]。

【注释】

[1] 至察：观察得过于细致，要求太苛刻。至，过分，极其。
[2] 无徒：指没有伙伴。
[3] 贱：讨厌，厌烦。
[4] 但：只是，仅仅。

[5] 卷舒：指变化无常。

百年成之不足，一旦[1]坏之有余。训子须从胎教[2]始，端蒙[3]必自小学[4]初。养子不教如养驴，养女不教如养猪。有田不耕仓廪[5]虚，有书不读子孙愚。仓廪虚兮岁月乏[6]，子孙愚兮礼义疏[7]。茫茫四海人无数，哪个男儿是丈夫。要好儿孙须积德，欲高门第快读书。救人一命，胜造七级[8]浮图[9]。积金千两，不如一解经书。

【注释】

[1] 一旦：一天，形容时间很多。
[2] 胎教：古人认为在母体中的胎儿会受到孕妇言行的影响，所以孕妇必须谨守礼仪，给胎儿以良好的影响。
[3] 端蒙：正确地教导初学的儿童。
[4] 小学：古人把识字教育称作小学。
[5] 仓廪：粮仓，这里代指家庭的财富。
[6] 乏：困难。
[7] 疏：缺少，不懂。
[8] 七级：七层。

[9] 浮图:即浮屠,佛塔。佛家将造塔视为积德的好事儿。

　　静中观物动,闲处看人忙,才得超尘脱俗的趣味;忙处会偷闲,动中能取静,便是安身立命的工夫。子教婴孩[1],妇教初来。内要伶俐,外要痴呆。聪明逞尽,惹祸招灾。能让终有益,忍气免伤财。富从升合[2]起,贫因不算来。暗中休使箭,乖[3]里放些呆。

【注释】

[1] 子教婴孩:对于孩子的教育要从小开始。
[2] 升合:两个容量单位,十合为一升。此处比喻细小之物。
[3] 乖:乖巧,机灵。这里指小聪明。

　　衙门八字开,有理无钱莫进来。天灾不有时,谁家挂得免字牌[1]。用人不宜刻[2],刻则思效者[3]去[4];交友不宜滥,滥则贡谀者[5]来。财是怨府[6],贪为祸胎。

【注释】

[1] 免字牌：比喻能够避免。
[2] 刻：刻薄，挑剔。
[3] 思效者：指真心想效力的人。
[4] 去：离开，离去。
[5] 贡谀者：阿谀奉承之人。
[6] 怨府：怨恨的积聚之处。

乐不可极，乐极生哀；欲不可纵，纵欲成灾。百年容易过，青春不再来。欲寡精神爽，思多血气衰。一头白发催将去，万两黄金买不回。略尝辛苦方为福，不作聪明便是才。终身疾病，恒[1]从新婚造起；盖世勋猷[2]，多是老成建来[3]。

【注释】

[1] 恒：总是，常常。
[2] 勋猷：功勋，成就。
[3] 建来：取得，完成。

见者易，学者难。莫将容易得，便作等闲[1]看。万恶淫为首，百善孝为先。妻贤夫祸少,子孝父心宽。事亲须当养志,爱子勿令偷安。不求金玉重重贵[2],但愿儿孙个个贤。却愁前面无多路,及早承欢[3]向膝前。祭尔[4]丰不如养之厚,悔之晚何若[5]谨[6]于前。

【注释】

[1] 等闲:一般,普通。

[2] 重重贵:又多又贵重。

[3] 承欢:使父母享受天伦之乐。

[4] 尔:他们,指父母。

[5] 何若:不如。

[6] 谨:尽心竭力。

花逞[1]春光,一番雨一番风,催归尘土;竹坚雅操[2],几朝霜几朝雪,傲就琅玕[3]。言顾行,行顾言。为事在人,成事在天。伤人一语,痛如刀割;杀人一万,自损三千。击石原有火,逢仇莫结冤。有容[4]德乃大,无欲心自闲。瓜田不纳履[5],李下[6]不整冠。误处皆缘不学,强作[7]乃成自然。将相顶头[8]堪走马,公侯肚内好撑船。

【注释】

[1] 逞：凭借。
[2] 雅操：高雅的情操。
[3] 琅玕（gān）：古人对竹子的美称。比喻珍贵、美好之物。
[4] 容：气度，宽容。
[5] 纳履：指系鞋带。
[6] 李下：李子树下。这里瓜田、李下是比喻是非之地。
[7] 强作：努力去做。
[8] 顶头：即头上。

贫不卖书留子读，老犹栽竹与人看。不作风波于世上，但留清白在人间。勿因群疑而阻独见[1]，勿任[2]己意而废人言[3]。路逢险处，为人辟[4]一步周行[5]，便觉天宽地阔；遇到穷时，使我留三分抚恤，自然理顺情安。事有急之不白[6]者，宽之或自明，勿操急以速其怒[7]；人有切[8]之不从者，纵[9]之或自化[10]，勿操切以益[11]其顽[12]。

【注释】

[1] 独见：自己的独到见解。

[2] 任：固执，放任。

[3] 废人言：否定他人意见。

[4] 辟：同"避"，回避，让开。

[5] 周行：指大路。

[6] 急之不白：急切的时候弄不清楚。

[7] 忿：生气。

[8] 切：指责，责备。

[9] 纵：放宽，宽容。

[10] 化：领悟，明白。

[11] 益：增加，加强。

[12] 顽：顽固，愚钝地坚持。

道路各别，养家一般。逸态闲情，惟期[1]自尚[2]；清标[3]傲骨，不愿人怜。他急我不急，人闲心不闲。富人思来年，贫人顾眼前。

【注释】

[1] 期：希望。

[2] 自尚：自我崇尚。

[3] 清标：清高脱俗的风度。

忙中多错事,醉后吐真言。上山擒虎易,开口告[1]人难。不是撑船手,休要提篙杆。好言一句三冬暖,话不投机六月寒。知音说与知音听,不是知音莫与谈。谗言败坏真君子,美色消磨狂少年。用心计较般般错[2],退步思量事事难。但[3]有绿杨堪系马,处处有路到长安。

【注释】

[1] 告:求助。

[2] 般般错:指任何事情都不对。

[3] 但:只要。

人欲[1]从初起处剪除,如斩新刍[2],工夫极易,若乐其便而姑为染指[3],则深入万仞[4];天理自乍[5]见时充拓[6],如磨尘镜,光彩渐增,若惮[7]其难而稍为退步,便远隔千山。

【注释】

[1] 人欲:指人对名利等的欲望。

[2] 刍:草。

[3] 若乐其便而姑为染指:大意为如果愿意贪图它的方便就姑且去做。便,安逸。染指,指取得不应当得到的利益。

[4] 深入万仞:比喻深陷其中难以自拔。

[5] 乍:刚刚。

[6] 充拓:充分开辟。

[7] 惮:担心,害怕。

风息时,休起浪;岸到处,便离船。隐恶扬善,谨行慎言。自处超然,处人蔼然。得意欿然[1],失意泰然。老当益壮,穷且益坚。

【注释】

[1] 欿(kǎn)然:不自满的样子。

榜上名扬,蓬门[1]增色;床头金尽,壮士无颜。由俭入奢易,由奢入俭难。少成[2]若天性,习惯成自然。自奉必须俭约,宴客切勿留连[3]。

【注释】

[1] 蓬门:破烂的门,借指贫苦人家。

[2] 少成：少年时养成的性格、习惯。
[3] 留连：指沉湎。

枯木逢春犹再发，人无两度再少年。少而寡欲颜常好，老不求官梦亦闲。书有未曾经我读，事无不可对人言。兄弟叔侄，须分多润寡[1]；长幼内外，宜法肃[2]词严。一饭一粥，当思来处不易；半丝半缕[3]，恒念[4]物力维艰[5]。

【注释】

[1] 分多润寡：将多的分出一些去润泽少的，指兄弟叔侄之间相互接济。润，润泽，此处指接济。
[2] 法肃：法规严肃。
[3] 半丝半缕：形容东西很少。缕，线。
[4] 恒念：经常想到。
[5] 维艰：困难。

人学始知道，不学亦徒然。遇[1]而好自用，贱[2]而好自专。有书真富贵，无事小神仙。出岫[3]孤云，去来一无所系；悬空朗镜[4]，妍丑[5]两不相干。劝君作福便无钱，祸到临头使万千。

【注释】

[1] 遇：机遇。
[2] 贱：贫贱，卑贱。指地位低下。
[3] 岫（xiù）：高山，峰峦。
[4] 朗镜：明月。
[5] 妍丑：美和丑。

善恶关头休错认，一失人身万劫[1]难。积德若为山，九仞头休亏一篑[2]；容人须学海，十分满尚纳百川。为善最乐，为恶难逃。养兵千日，用在一朝。国清才子贵，家富小儿骄。士为知己用，节[3]不岁寒凋[4]。

【注释】

[1] 佛教将世界从生成到毁灭的一个周期称为一劫。万劫，万世。
[2] 九仞头休亏一篑：堆九仞高的山，不要因差最后一筐土而不能完成。喻指不要半途而废。九仞，形容很高，古人将八尺

称为一切。篑，盛土的筐。

[3] 节：气节和操守。

[4] 凋：丧失，丢失。

不因渔父引，怎得见波涛。但知口中有剑，不知袖里藏刀。春蚕到死丝方尽，恶语伤人恨难消。入山不怕伤人虎，只怕人情[1]两面刀。世间公道惟白发，贵人头上不曾饶。无求到处人情好，不饮随他酒价高。书画是雅事，一贪痴[2]便成商贾；山林是胜地，一营恋[3]便成市朝[4]。情欲意识属妄[5]心，消杀得妄心尽，而后真心[6]现；矜高倨傲[7]是客气[8]，降伏得客气平，而后正气调[9]。

【注释】

[1] 人情：人与人之间正常的情理。

[2] 贪痴：贪恋的念头。

[3] 营恋：经营，贪图。

[4] 市朝：市场。此指比喻追逐利益的世俗之处。

[5] 妄：过分的，过度的。

[6] 真心：指人的善良天性。

[7] 矜高倨傲：高傲自大。
[8] 客气：指言行虚矫，不是出于至诚。
[9] 调：调和，顺畅。

因[1]风吹火，用力不多。光阴似箭，日月如梭[2]。吉人[3]之辞寡，躁人[4]之辞多。黄金未为贵[5]，安乐[6]值钱多。儿孙胜于我，要钱做甚么？儿孙不如我，要钱做甚么？会使[7]不在家豪富，风雅不用着衣[8]多。

【注释】
[1] 因：凭借，顺着。
[2] 梭：梭子，织布机上牵引纬线的工具。
[3] 吉人：这里指和善的人。
[4] 躁人：这里指浮躁的人。
[5] 未为：未必。
[6] 安乐：平安和快乐。
[7] 会使：能干，出色。
[8] 着衣：穿衣服，这里泛指穿戴。

强中更有强中手，恶人自有恶人磨。知事少时烦恼少，识人多处是非多。世间好语书说尽，天下名山寺占多。积德百年元气厚，读书三代雅人[1]多。

【注释】
[1] 雅人：高雅之人，代指德行操守好的人。

上为父母，中为己身，下为儿女，做得清方了却平生事；立上等品[1]，为中等事，享下等福，守得定才是个安乐窝。一念常惺[2]，才避得去神弓鬼矢[3]；纤尘不染，方解得开地网天罗。富贵是无情之物，你看得他重，他害你越大；贫贱是耐久之交，你处得他好，他益你必多。

【注释】
[1] 上等品：特别好的品行。
[2] 常惺：经常保持清醒。
[3] 矢：箭。

谦恭待人，忠孝传家。不学无术，读书便佳。男以女为室，女以男为家。根深不怕风摇动，表[1]正何愁日影斜。能休尘境为真境[2]，未了僧家是俗家[3]。成家犹如针挑土[4]，败家好似水推沙。池塘积水堪防旱，田地深耕足养家。

【注释】

[1] 表：用来测量日影计时的标杆。
[2] 能休尘境为真：若能放下世俗的各种欲念，即使生活在世俗社会也能达到入佛门般的清静。休，了却，消歇，抛弃。尘境，尘世，世俗社会。
[3] 未了僧家是俗家：如果不能消除尘世的欲念，即使出家为僧也只能像个世俗之人一样存在。了，结束，了断。指了却尘缘。
[4] 针挑土：喻指成家的艰难，如同用针挑土，积少成多。

　　讲学不尚躬行[1]，为口头禅[2]；立业不思种德，如眼前花[3]。一段不为[4]的气节，是撑天立地之柱石；一点不忍的念头[5]，是生民育物之根芽。

【注释】

[1] 躬行：亲身实践。

[2] 口头禅：这里指没有意义的空谈。

[3] 立业不思种德，如眼前花：如果在建立功业的时候不考虑培养品德，那么所立之业就像人们眼前看到的花一样，很快就凋谢了，非常短暂。种德，培养品德。

[4] 不为：这里指保持节操，不做违背道义的事。

[5] 不忍的念头：指善心。

早起三光[1]，迟起三慌[2]。顺天者存，逆天者亡。世路风波，炼心之境[3]；人情冷暖，忍性[4]之场。爽口食多终作疾，快心事过必生殃[5]。汤武以谔谔而昌[6]，桀纣[7]以唯唯[8]而亡。

【注释】

[1] 三光：泛指把一切都收拾得非常妥当。

[2] 三慌：泛指一切事情都慌张忙碌。

[3] 炼心之境：磨炼人的心智的环境。心，心智，心胸。

[4] 性：性格，个性。

[5] 快心事：虽然一时间很愉快，但却不顾后果的事。殃，遭殃，祸害。

[6] 汤武以谔谔而昌：其大意为，商汤王和周武王是因为善于听取臣下的直言进谏而国运昌盛。汤武，指商汤王和周武王，分别是商朝和周朝的开国国君，是被历代传颂的贤德之君。谔谔，直言不讳地争辩的样子。

[7] 桀纣：夏桀和商纣，夏朝和商朝的末代君主，二人均荒淫残暴，一些敢于直言进谏的大臣都被二人害死，二人极为不得人心。

[8] 唯唯：外表谦卑地应答同意，但内心并不真的认同。指盲目地顺从或无奈地接受。

量窄[1]气大，发短心长。善必寿考[2]，恶必早亡。与治[3]同道罔不兴[4]，与乱[5]同事罔不亡。富贵定要依本分，贫穷不必枉思量。福不可邀，养喜神[6]以为招福之本；祸不可避，去杀机以为远祸之方。贪他一斗米，失却半年粮；争他一脚豚[7]，反失一肘羊[8]。不贪为宝[9]，两不相伤。

【注释】

[1] 量窄：心胸狭小。

[2] 寿考：指长寿。

[3] 治：安定，有秩序。此处代指好人。

[4] 罔：无，没有。

[5] 乱：混乱，不安定。此处代指坏人。

[6] 喜神：善良的念头。

[7] 脚豚：猪蹄。

[8] 肘羊：羊肘子。肘，蹄以上到腹部。

[9] 不贪为宝：不贪财是极为难能可贵的品质。出自《左传》。宋人得到了一块宝玉，将其送给子罕，子罕拒绝他说："我以不贪为宝，你以玉为宝，若将玉送我，二人皆失其宝，不如人有其宝。"

　　画水无风偏作浪，绣花虽好不闻香。贫无达士[1]将金赠，病有高人说药方。三生[2]有幸，一饭不忘[3]。见善如不及[4]，见恶如探汤[5]。隐逸[6]林中无荣辱，道义路上泯[7]炎凉。秋至满山皆秀色，春来无处不花香。

289

【注释】

[1] 达士：显贵的人。

[2] 三生：佛教将前生、今生、来生称为"三生"。

[3] 一饭不忘：相传韩信小的时候家境贫寒，曾向一个老妇乞食，老妇给了他饭吃。后来韩信显贵后，以千金相报。

[4] 见善如不及：看见别人做善事，唯恐自己赶不上。

[5] 见恶如探汤：看见别人做坏事，就立刻避而远之。探汤，将手伸进沸腾的水中试温度。

[6] 隐逸：隐居世外。

[7] 泯：驱散，消失。

恶忌阴[1]，善忌阳[2]。穷灶门，富水缸。家贼难防，偷断[3]屋粮。坐吃如山崩，游嬉则业荒。居身务[4]期[5]质朴，训子要有义方[6]。富若不教子，钱谷必消亡；贵若不教子，衣冠[7]受不长。能师孟母三迁[8]教，定卜[9]燕山[10]五桂[11]芳。国有贤臣安社稷，家无逆子恼爹娘。

【注释】

[1] 恶忌阴：最怕恶人做了坏事而不易被人发现，这样的祸害会更大。容易发现则祸害小。

[2] 善忌阳：做好事之人最怕做在明处，故意宣扬自己做了好事则功劳越小。

[3] 偷断：偷光。

[4] 务：务必，必须。

[5] 期：期待，希望。

[6] 义方：正确有效的教育方法。

[7] 衣冠：衣服和帽子，代指官职和俸禄。

[8] 孟母三迁：相传孟子的母亲为了使孟子学好，先后三次搬家，最后在一所学堂旁定居，孟子才开始勤学。

[9] 卜：料定。

[10] 燕山：指五代时期窦燕山，本名窦禹钧，因家居河北燕山而得名窦燕山。相传其教子有方，他的五个儿子都相继科举及第。

[11] 桂：指登科，古时将科举及第称为折桂。

说话人短，记话人长。平生只会说人短，何不回头把己量[1]。言易招尤[2]，对亲友少说两句；

书能化俗，教儿孙多读几行。施惠勿念[3]，受恩莫忘。刻薄成家，理无久享；伦常乖舛[4]，立见消亡。触[5]来莫与说，事过心清凉。

【注释】

[1] 把己量：衡量思考一下自己的品行。

[2] 尤：怨恨，过失。

[3] 施惠勿念：不要老是想着自己给别人的恩惠。

[4] 乖舛：违背，混乱，相冲突。

[5] 触：抵触，怒气，冲突。

君子不可貌相[1]，海水不可斗量[2]。蓬篙之下，或有兰香；茅茨之屋，或有公王。一家饱暖千家怨，万世机谋二世亡[3]。狐眠败砌[4]，兔走荒台[5]，尽是当年歌舞地；露冷黄花，烟迷绿草，悉[6]为旧日争战场。拨开[7]世上尘氛[8]，胸中自无火炎水竞[9]；消去心中鄙吝[10]，眼前时有鸟语花香。

【注释】

[1] 貌相：从相貌来观察、判断。

[2] 量：衡量，评判。

[3] 万世机谋二世亡：指秦始皇自称始皇帝，是想自己的子孙后代相继称二世三世甚至到万世，想自己的王朝永远地延续下去。但始皇暴虐，民怨极大，到秦二世秦朝便灭亡了。

[4] 狐眠败砌：狐狸睡觉的破败台阶。

[5] 兔走荒台：兔子时常出没的荒废亭台。

[6] 悉：悉数，都。

[7] 拨开：抛开，去除。

[8] 尘氛：指世界的物欲杂念。

[9] 竞：争逐。

[10] 鄙吝：指庸俗，鄙俗。形容心胸狭窄。

贫穷自在，富贵多忧。既往不咎[1]，覆水[2]难收。人无远虑，必有近忧。勿临渴而掘井，宜未雨而绸缪[3]。宁向直[4]中取，不可曲中求。驭横[5]切莫逞气[6]，止谤[7]还要自修[8]。忍得一时之气，免得百日之忧。是非只为多开口，烦恼皆因强出头。

【注释】

[1] 咎：追究。

[2] 覆水：指倒出去的水。

[3] 未雨而绸缪：出自《诗经·豳风·鸱鸮》，"迨天之未阴雨，彻彼桑土，绸缪牖户。"意思是趁还没有下雨的时候，剥下桑树的皮，修好门窗。后来"未雨绸缪"常用来比喻做好充足准备，防范于未然。

[4] 直：正直。

[5] 驭横：驾驭、整治专横不讲道理之人。

[6] 逞气：斗气。逞，显示，放任。

[7] 止谤：制止诽谤，平息诋毁。

[8] 自修：个人的自我修养。

　　酒虽养性还乱性，水能载舟亦覆舟。克己者，触事皆成药石[1]；尤[2]人者，启口即是戈矛。以直报怨[3]，以义解[4]仇。庄敬[5]日强，安肆[6]日偷[7]。惧法[8]朝朝乐，欺[9]公日日忧。晴干不肯去，只待雨淋头。

【注释】

[1] 克己者，触事皆成药石：接触到的一切事物，都能够变成治病的良药，帮助一个人克服自己的不足和错误。克己，约束自己。药石，药物。

[2] 尤：埋怨，怨恨。

[3] 以直报怨：用正直回应怨恨。

[4] 解：化解，消除。

[5] 庄敬：严谨。

[6] 安肆：安逸放纵。

[7] 偷：偷安，偷生，得过且过。

[8] 惧法：指遵守法纪。

[9] 欺：藐视，看不起。

儿孙自有儿孙福，莫与儿孙作马牛[1]。人生七十古来稀，问君还有几春秋？当出力处须出力，得缩头[2]时且缩头。生年不满百，常怀千岁忧[3]。逢桥须下马，有路莫登舟。路逢险处须当避[4]，事到头来不自由。

【注释】

[1] 作马牛：比喻为儿孙做一切事情。

[2] 缩头：退让，回避。
[3] 千岁忧：形容无边无际的烦恼。千岁，千年。
[4] 避：回避，退让。

吴宫花草埋幽径，晋代衣冠成古丘[1]。功名富贵若长在，汉水亦应西北流[2]。青冢[3]草深，万念尽同灰冷；黄粱梦[4]觉[5]，一身都似浮云。

【注释】
[1] 吴宫花草埋幽径，晋代衣冠成古丘：出自李白《登金陵凤凰台》。大意为：三国时期吴主孙权修建的豪华宫殿如今已经被野草埋没，化为了尘土。晋代的达官显贵们也都早已在坟墓之中了。衣冠，指达官显贵。丘，坟墓。
[2] 西北流：比喻不可能发生的事情。
[3] 青冢：泛指坟墓。
[4] 黄粱梦：比喻虚幻不实的事和欲望的破灭犹如一梦。出自《枕中记》，卢生在梦中享尽富贵荣华，等到醒来，主人蒸

的黄粱饭还没有熟,所以称黄粱梦。黄粱,小米。

[5] 觉:觉醒,醒来。

人平[1]不语,水平[2]不流。便宜莫买,浪荡[3]莫收。不以我为德,反以我为仇。有花方酌酒,无月不登楼。人有三句硬话,树有三尺绵头[4]。一家养女百家求,一马不行百马忧。深山毕竟藏猛虎,大海终须纳细流。到此如穷千里目,谁知才上一层楼。欲知世事须尝胆[5],会[6]尽人情暗点头[7]。受恩深处宜先退,得意浓时便可休[8]。莫待是非来入耳,从前恩爱反为仇。

【注释】

[1] 平:心平气和。
[2] 平:平静。
[3] 浪荡:游手好闲,不务正业。
[4] 绵头:大树的枝梢。
[5] 尝胆:指人做事要刻苦努力。
[6] 会:明白,领悟。
[7] 暗点头:默默地点头,指不多说话。

[8] 得意浓时便可休：比喻遇事见好就收，要学会急流勇退。

    贫家光扫地，贫女净梳头。景色虽不丽[1]，气度自优游[2]。器具质而洁[3]，瓦缶胜金玉[4]；饮食约[5]而精，园蔬愈[6]珍馐[7]。无益世言休着口[8]，不干己事少当头。留得五湖明月在，不愁无处下金钩。休向君子谄媚，君子原无私惠[9]；休与小人为仇，小人自有对头。名利是缰锁[10]，牵缠时，逆则生憎，顺则生爱；富贵如浮云，觑[11]破了，得亦不喜，失亦不忧。

【注释】

[1] 景色虽不丽：指外表虽然并不华丽。景色，比喻外表。
[2] 优游：优雅，高洁。
[3] 器具质而洁：指家中所使用的器具虽然质朴但非常干净。质，质朴。
[4] 瓦缶胜金玉：即使是瓦罐也要比黄金玉石做的器具要好。瓦缶，瓦罐，陶罐。
[5] 约：简单，不多。

[6] 愈:超过。
[7] 珍馐:指珍贵稀少的美食。
[8] 着口:开口说。
[9] 君子原无私惠:君子本来就没有私念,不会因为个人私情而给人恩惠的。
[10] 缰锁:羁绊,约束,枷锁。
[11] 觑:看,观察,思考。

上 韵

若登高,必自卑[1],若涉远,必自迩[2]。磨刀恨不利,刀利伤人指;求财恨不多,财多终累己。有福伤财,无福伤己。病加[3]于小愈[4],孝衰于妻子。居[5]视其所亲[6],达[7]视其所举[8]。富视其所不为,贫视其所不取。

【注释】

[1] 自卑:指从低的地方开始。卑,低下。

[2] 自迩:指从近的地方开始。迩,近。

[3] 加:加重。

[4] 小愈:指生病后开始好转但并未完全好的时候。

[5] 居:居家。这里指不显赫,平常生活。

[6] 所亲:所亲近的人。

[7] 达:指富贵。

[8] 荐:推荐,举荐。

知足常足,终身不辱;知止常止,终身不耻。君子爱财,取之有道[1];小人放利,不顾天理。悖入亦悖出[2],害人终害己。人非善不交,物非义不取。

【注释】

[1] 取之有道:指用正确的符合道德的方法获取。
[2] 悖入亦悖出:用不正当的方法获取的东西,又会被别人用不正当的手段夺走。悖,指违背道德规范的不正当手段。

身欲出樊笼[1]外,心要在腔子[2]里。勿偏信而为奸所欺,勿自任[3]而为气所使。差之毫厘,谬以千里。使口[4]不如自走[5],求人不如求己。为富兼为仁,愿生莫愿死。人见白头[6]嗔[7],我见白头喜。多少少年亡,不到白头死。

【注释】

[1] 樊笼:囚笼,牢笼。比喻不自由的人世间。
[2] 腔子:肚子,指人的躯壳。此句比喻要把

心思放在该放的地方,心术要正。

[3] 自任:自以为是。
[4] 使口:动嘴,动口。
[5] 走:行动,动手。
[6] 白头:这里指老年人。
[7] 嗔:发怒,生气。

贼是小人,智过君子。君子固穷,小人穷斯滥矣[1]。壁有缝,墙有耳。好事不出门,恶事传千里。之子[2]不称服[3],奉身[4]好华侈[5],虽得市童[6]怜[7],还为识者鄙。

【注释】
[1] 君子固穷,小人穷斯滥矣:君子能够安守清贫,但是如果小人遭受穷困就会胡作非为。固,安于,接受。斯,于是,就会。滥,胡作非为。
[2] 之子:这个人。
[3] 不称服:穿着与自身身份不相符的衣服。
[4] 奉身:指穿着。
[5] 华侈:华丽,奢侈。
[6] 市童:市俗小人。

[7] 怜：爱。此处意为羡慕、向往。

天下无不是底父母，世间最难得者兄弟。青出于蓝而胜于蓝，冰生于水而寒于水。不痴不聋，不作阿姑阿翁[1]；得亲[2]顺亲[3]，方可为人为子。处骨肉之变[4]，宜从容不宜激烈；当家庭之衰，宜惕厉[5]不宜委靡[6]。

【注释】

[1] 阿姑阿翁：指公公婆婆。
[2] 得亲：使得父母开心、高兴。
[3] 顺亲：顺从父母的意愿。
[4] 处骨肉之变：遇到家庭成员之间发生生离死别一类的变故的时候。
[5] 惕厉：心怀戒慎，自强不息。
[6] 委靡：精神萎靡不振。

是日[1]一过，命亦随减。务下学而上达[2]，毋舍近而趋远。量入为出，凑少成多。溪壑[3]易填，人心难满。用人与教人，二者却相反。用人取其长，教人责其短。打人莫伤脸，骂人莫揭短。仕宦[4]芳规[5]清慎勤[6]，饮

303

食要诀缓暖软[7]。水暖水寒鱼自知,花开花谢春不管。蜗牛角上校雌雄[8],光石火[9]中争长短。

【注释】

[1] 是日:这一天。
[2] 下学而上达:由浅入深地学习。
[3] 溪壑:河流,山沟。壑,山沟或大水坑。
[4] 仕宦:仕途,官宦。这里泛指做官。
[5] 芳规:优良的法规。
[6] 清慎勤:清廉、谨慎、勤勉。
[7] 缓暖软:和缓、温暖、柔软。指饮食要细嚼慢咽,不吃冷食,饭食不要过硬。
[8] 蜗牛角上校雌雄:出自《庄子·则阳》,"有国于蜗之左角者,曰触氏;有国于蜗之右角者,曰蛮氏,时相与争地而战。"大意是,世上的争斗如同在蜗牛角上争强弱,非常狭小。校,即"较",比较,较量。雌雄,这里是指强弱、胜负。
[9] 石火光:击打石头发出的火光,这里比喻时间非常短暂。

留心学到古人难,立脚怕随流俗转。凡是自是[1],便少一是;有短护短,更添一短。洒扫庭除[2],要内外整洁;关锁门户,必亲自检点。天下无难处之事,只消两个如之何[3];天下无难处之人,只要三个必自反[4]。

【注释】

[1] 自是:自以为是。是,正确。

[2] 除:指台阶。

[3] 只消两个如之何:出自《论语·卫灵公》,子曰:"不曰'如之何,如之何'者,吾未如之何也矣。"大意为,自己不知道该怎么办的人,我也不知道拿他有什么办法。这里强调遇事要自己多思考。

[4] 三个必自反:指"自反而仁矣""自反而礼矣""自反而忠矣",出自《孟子·离娄》。自反,自我反省。

凡事要好,须问三老[1]。好问则裕[2],自用[3]则小。勿营[4]华屋,勿作淫巧[5]。若争小可[6],便失大道。但能依本分,终须无烦恼。

【注释】

[1] 三老：古代将掌管教化的乡官称为"三老"，一般由年龄在五十岁以上品德好的人担任。这里泛指有德行的老者。

[2] 裕：宽广，容易。

[3] 自用：凭自己主观意志行事，不虚心向人求教。

[4] 营：修建，营建。

[5] 淫巧：指看似华丽，实则轻浮无用的技巧。

[6] 小可：蝇头小利，寻常小事。

有言逆于汝心，必求诸道[1]；有言逊[2]于汝志，必求诸非道[3]。吃得亏，坐一堆；要得好，大做小。志宜高而心宜下，胆欲大而心欲小。

【注释】

[1] 有言逆于汝心，必求诸道：对于别人所说的并不符合自己喜好的话，要从道义的标准来衡量他是否正确。求，衡量，检验。诸，之于。

[2] 逊：顺从，符合。
[3] 非道：不符合道义，违背事理。

　　学者如禾如稻[1]，不学者如蒿如草[2]。唇亡齿必寒，教弛[3]富难保。书中结良友，千载奇逢；门内产贤郎，一家活宝。

【注释】
[1] 学者如禾如稻：愿意学习的人如同小麦和水稻。学者，愿意学习的人。禾，小麦。稻，水稻。禾、稻在这里泛指对人有用的作物。
[2] 不学者如蒿如草：不愿意学习的人如同蒿草一样。蒿，青蒿。草，杂草。蒿、草在这里泛指对人没有用的野物。
[3] 教弛：放松教育。弛，松懈，放松。

　　一场闲富贵，很很[1]挣来，虽得还是失；百年好光阴，忙忙过去，纵寿亦为夭[2]。事事有功，须防一事不终[3]；人人道好，须防一人着恼[4]。

【注释】

[1] 很很：通"狠狠"，这里指勤劳艰苦，也指费力、辛劳。
[2] 纵寿亦为夭：即使是长寿也只能算是夭折。寿，长寿。夭，夭折，短命。
[3] 终：最后，善终。
[4] 着恼：生气，愤恨。

宁添一斗，莫添一口[1]。但求放心[2]，休夸利口[3]。要学好人，须寻好友。引酵[4]若酸，哪得好酒。宁遭父母手，莫遭父母口。狗不嫌家贫，儿不嫌母丑。

【注释】

[1] 一口：指一个人。
[2] 放心：心里平静。
[3] 利口：海口，大话。
[4] 引酵：酿酒发酵用的浆液。

勿贪意外之财，勿饮过量之酒。进步便思退步，着手先图[1]放手。不嫌刻鹄类鹜[2]，只怕画虎成狗。责善[3]勿过高，当思其可从；攻恶勿太严,要使其可受。享现在之福如点灯,随点则随灭;培将来之福如添油,愈添则愈久。恩里由来生害,得意时须早回头;败后或反成功,拂心处莫便放手[4]。

【注释】

[1] 图:考虑,想着。
[2] 刻鹄类鹜:雕刻天鹅不成,还能像野鸭,比喻仿效虽不成功,但还近似。类,像。鹜,野鸭。
[3] 责善:对别人的要求。
[4] 拂心处莫便放手:处于困难之中时,虽然心力交瘁,但是千万不能轻易放弃了自己的追求。拂,违背。

去　韵

多交[1]费财，少交省用。千里送毫毛[2]，礼轻仁义重。骨肉相残，煮豆然萁[3]；兄弟相爱，灼艾分痛[4]。以身教者从，以言教者讼[5]。厚积不如薄取，滥求不如减用。一字入公门，九牛拖不出。理字不多大，千人抬不动。两人自是[6]，不反目稽唇[7]不止，只温语称他人一句好，便有无限欢欣；两人相非[8]，不破家亡身不止，只回头认自己一句错，便有无边受用。

【注释】

[1] 交：结识，交往。
[2] 毫毛：比喻不贵重的东西。
[3] 煮豆然萁：相传三国时期魏文帝曹丕欲害其弟曹植，逼迫其在七步之内做出一首诗，曹植遂作《七步诗》："煮豆持

作羹，漉菽以为汁。萁在釜下燃，豆在釜中泣。本自同根生，相煎何太急？"后来常用"煮豆燃萁"来比喻骨肉相残的痛苦。然，即"燃"，燃烧。萁，豆秸，即结出豆子的植株的枯干。

[4] 灼艾分痛：相传宋太祖赵匡胤的弟弟赵光义得病，十分痛苦。太祖去探望他并亲自为他灼艾治病。赵匡胤恐其弟难以忍受灼艾之痛，故用艾自灼，以分担弟弟的痛苦。后来常用"灼艾分痛"比喻兄弟友爱。灼艾，中医的一种治疗方法，将艾点燃，在身体的某个穴位熏治。

[5] 以身教者从，以言教者讼：只知道口头教育别人，而自己却不身体力行，就会引起别人的议论。讼，争论，争议，争辩是非对错。

[6] 两人自是：两个人都自以为正确。

[7] 稽唇：计较口舌，指争讼、争吵。稽，计较。

[8] 相非：互相说对方的不对。

和气致祥，乖气致戾[1]。玩人丧德[2]，玩物丧志[3]。福至心灵，祸至心晦[4]。受宠若惊，闻过则喜。创业固难，守成不易。

【注释】

[1] 乖气致戾：不和而导致不详。乖，过错，这里指不和、不顺。

[2] 玩人丧德：戏弄他人则失去做人的道德。

[3] 玩物丧志：沉迷玩弄自己喜欢却没有价值的事物，而使自己丧失了进取的意志。

[4] 晦：灰暗。

门内有君子，门外君子至；门内有小人，门外小人至。东海曾闻无定波[1]，北邙[2]未肯留闲地。趋炎[3]虽暖，暖后更觉寒增；食蔗能甘，甘余便生苦趣。争名利，要审自己分量，休眼热别个，辄[4]生嫉妒之心；撑门户[5]，要算自己来路[6]，莫步趋[7]他人，妄起挪扯[8]之计[9]。

【注释】

[1] 无定波：指没有平静的时候。

[2] 北邙：指墓地。

[3] 趋炙：指依附于有权有势之人。

[4] 辄：立刻，马上。

[5] 撑门户：维护表面的排场。

[6] 来路：指实际收入。

[7] 步趋：跟着，追随。

[8] 挪扯：指借用别人的钱物。

[9] 计：念头，想法。

　　家庭和睦，疏食[1]尽有余欢；骨肉乖违[2]，珍馐亦减至味。观过知仁[3]，投鼠忌器[4]。爱而知其恶[5]，憎而知其善[6]。贫而无怨难，富而无骄易。

【注释】

[1] 疏食：粗茶淡饭，简单的食物。

[2] 乖违：相冲突，不和睦。

[3] 观过知仁：看一个人所犯的错误，就知道他是否仁义了。

[4] 投鼠忌器：想打老鼠，又怕打坏了老鼠旁的器物。比喻想做某事却又有所顾虑。

[5] 爱而知其恶：对于自己所爱之人，也要知道他的缺点。
[6] 憎而知其善：对于自己憎恨之人，也要知道他的优点。

晴空看鸟飞，流水观鱼跃，识宇宙活泼之机；霜天闻鹤唳[1]，雪夜听鸡鸣，得乾坤清纯之气。先学耐烦，切莫使气[2]。性躁心粗，一生不济[3]。

【注释】
[1] 霜天闻鹤唳：秋天看着一片白霜，听着白鹤的鸣叫。唳，鸣叫。
[2] 使气：意气用事。
[3] 济：成功。

举世好承奉，承奉非佳意[1]。不知承奉者，以尔[2]为玩戏。得时莫夸能，不遇[3]休妒世。物盛则必衰，有隆还有替[4]。路径仄[5]处，留一步与人行；滋味浓时[6]，减三分让人嗜[7]。

【注释】

[1] 承奉非佳意：来奉承你的人心里都不怀好意。承奉，奉承。
[2] 尔：你。
[3] 不遇：没有被发现、赏识，得不到施展才华的机遇。
[4] 替：更替，变化。这里指衰落。
[5] 仄：狭窄。
[6] 滋味浓时：指有了美味的食物。
[7] 减三分让人嗜：指分一些给别人品尝。嗜，嗜好，喜欢。这里指品尝。

    为人要学大[1]，莫学小[2]，志气一卑污[3]了，品格难乎其高；持家要学小，莫学大，门面一弄阔了，后来难乎其继。争斗场中，出几句清冷言语，便扫除无限杀机；寒微[4]路上，用一片赤热心肠，遂培植许多生意。

【注释】

[1] 大：大气，心胸宽广。
[2] 小：小气，心胸狭小。
[3] 卑污：卑微，不高洁。

[4] 寒微：指家境贫寒、社会地位低下之人。

一日为师，终身为父。衣不如新，人不如故。忍一言，息一怒；饶[1]一着[2]，退一步。三十不立，四十见恶[3]，五十相将[4]寻死路。爱儿不得爱儿怜[5]，聪明反被聪明误。

【注释】

[1] 饶：饶恕，退让。
[2] 一着：泛指忍让。
[3] 见恶：被人讨厌，厌恶。
[4] 相将：将近，快要。
[5] 爱儿不得爱儿怜：自己宠爱儿女，却得不到被宠爱的儿女的关怀。怜，爱，关心。

心去终须去，再三留不住。非意相干[1]，可以理遣[2]；横逆[3]加来，可以情恕[4]。贫穷患难，亲戚相顾；婚姻死丧，邻保[5]相助。亲者毋[6]失其为亲，故者毋失其为故。得意不宜再往，凡事当留余步。宁使人讶[7]其不来，勿令人厌其不去。

【注释】

[1] 非意相干：意想不到的冒犯。干，冒犯，冒昧。

[2] 可以理遣：可以用道理加以排遣。

[3] 横逆：蛮横不讲理。

[4] 情恕：动之以情，用感情来宽恕他。

[5] 邻保：邻居。保，古时十户为一保，是一种人口管理的方式。

[6] 毋：无，不要。

[7] 讶：同"迓"，迎接。

有生必有死，孽[1]钱归孽路。不怕无来处，只怕多去处。务要见景生情，切莫守株待兔。丧家亡身，多言占了八分；世微道替[2]，百直曾无一遇[3]。

【注释】

[1] 孽：罪恶，错误。

[2] 世微道替：世道衰落，风气日下。替，更迭，衰落。

[3] 百直曾无一遇：品行再正直的人也难以有一次机遇。指好人没有出头之日。遇，机遇，机会。

得忍且忍，得耐且耐，不忍不耐，小事变大。事以密成，语以泄败。相论[1]逞英雄，家计渐渐退。贤妇令夫贵，恶妇令夫败。一人[2]有庆[3]，兆民[4]永赖[5]。富贵家，宜宽厚，而反忌克[6]，如何能享[7]；聪明人，宜敛藏[8]，而反炫耀，如何不败。

【注释】

[1] 相论：互相争论，争执。

[2] 一人：指君王。

[3] 庆：善。

[4] 兆民：指广大百姓。

[5] 赖：依靠，信赖。

[6] 忌克：称作"忌刻"，指嫉妒怨恨，刻薄。

[7] 享：一直保持荣华富贵。

[8] 敛藏：收敛，隐藏，不外露。

见怪不怪，怪乃自败。一正压百邪，少见必多怪。君子之交淡以成[1]，小人之交甘以坏[2]。视寝[3]兴[4]之早晚，知人家之兴败。寂寞衡茅[5]观燕寝，引起一段冷趣幽思[6]；芳菲园圃看蝶忙，觑破几般尘情世态。

【注释】

[1] 淡以成:淡泊名利交的真诚朋友。
[2] 甘以坏:甜美但是并不真诚的交情。
[3] 寝:就寝,睡觉。
[4] 兴:指起床。
[5] 衡茅:简陋的茅屋。衡,指屋门上的横木。
[6] 冷趣幽思:指清闲的情趣,清静自在地思考。

言忠信[1],行笃敬[2]。君子安贫[3],达人[4]知命。惟圣罔念作狂[5],惟狂克念作圣[6]。爱人者,人恒爱;敬人者,人恒敬。好讼[7]之子,多致终凶;积善之家,必有余庆[8]。损友[9]敬而远[10],益友亲而近。善与人交,久而能敬。过则相规[11],言而有信。

【注释】

[1] 信:诚实守信。
[2] 笃敬:忠实谨慎。
[3] 安贫:安贫乐道,指虽处于贫困,仍以守道为乐。
[4] 达人:知晓道理、明白是非的人。

[5] 惟圣罔念作狂：只有如同圣贤般品德高尚的人，才没有狂妄的想法。罔，没有，不存在。

[6] 惟狂克念作圣：只有狂妄自大之人，才会产生成为圣贤的念头。克，会，能。

[7] 讼：争辩，争执。

[8] 余庆：先人留下的福泽。

[9] 损友：对自己有害的朋友。

[10] 敬而远：表面上尊敬，实际上不与之亲近，远远离开。

[11] 规：规劝，规戒。

贫士养亲[1]，菽水承欢[2]；严父教子，义方是训。不为昭昭信节[3]，不为冥冥堕行[4]。勤，懿行[5]也，君子敏[6]于德义，世人则借勤以济[7]其贪；俭，美德也，君子节于货财，世人则假俭[8]以饰[9]其吝。

【注释】

[1] 养亲：指侍奉，赡养自己的父母。

[2] 菽水承欢：用豆子和水来奉养父母，博取

父母的欢心。出自《礼记·檀弓》，子路曰："伤哉贫也。生无以为养，死无以为礼也。"孔子曰："啜菽饮水，尽其欢，斯之谓孝。敛手足形，还葬而无椁，称其财。斯之谓礼。"菽，豆类的总称。菽水，豆和水，指最简单的食物。承欢，博取欢心，这里指侍奉父母使其开心。

[3] 不为昭昭信节：不要因为身处明处就故意表现自己的美好节操。信，展示。

[4] 不为冥冥堕行：不要因为身处暗处就去做坏事。堕，毁坏。

[5] 懿行：高尚的德行。

[6] 敏：在意，关注。

[7] 济：接济，帮扶。

[8] 假俭：借助于勤俭。

[9] 饰：掩饰，隐藏。

欲临死而无挂碍，先在生时事事看得轻；欲遇变而无仓忙，须向常时念念[1]守得定。识得破，忍不过；说得硬，守不定。笑前辙[2]，忘后跌[3]。轻千乘，豆羹竞[4]。

【注释】

[1] 念念：佛家用语，指每一个短暂的时刻。

[2] 前辙：前人的教训。

[3] 跌：摔跤，指挫折、失败。

[4] 豆羹竞：争夺一碗肉汤。讽刺贪财之人即使很小的东西也要和别人去争抢。羹，肉汤。竞，争抢。

子有过，父当隐[1]；父有过，子当诤[2]。木受绳则直[3]，人受谏[4]则圣。良药苦口利于病，忠言逆耳利于行。家丑不可外传，流言切莫轻信。下情难于上达，君子不耻下问。

【注释】

[1] 父当隐：父亲应当教导而不宣扬。

[2] 诤：直言劝诫。

[3] 木受绳则直：木匠在锯木头的时候打上墨线，就会使锯出来的木头是直的了。绳，指墨斗线。

[4] 谏：劝谏，高洁。

芙蓉白面[1]，不过带肉骷髅；美艳红妆，尽是杀人利刃。读书而寄兴于[2]吟咏风雅[3]，定不深心；修德而留意于名誉事功，必无实证[4]。一人非之，便立不定，只见得有是非失，何曾知有道理？一人不知，便就不平，只见得有得失，何曾知有义命[5]？

【注释】

[1] 芙蓉白面：指美女。
[2] 寄兴于：把兴趣放在。
[3] 风雅：《诗经》有《国风》《大雅》《小雅》等部，因为这些篇章具有极高的艺术价值，而被视为我国古代文学的代表。后来常用"风雅"代指优秀的文学艺术作品，比喻文雅之事。
[4] 实证：实际效验。
[5] 义命：道义和天命。

智生识[1]，识生断，当断[2]不断，反受其乱。人各有心，心各有见[3]。

【注释】

[1] 识：见识，学问。

[2] 断：判断，决定。

[3] 见：见解，想法。

    有盐同咸，无盐同淡。人间私语[1]，天闻若雷[2]；暗室亏心[3]，神目如电[4]。一毫之恶劝人莫作；一毫之善与人方便。终身让路，不枉百步；终身让畔[5]，不失一段。难合亦难分，易亲亦易散。口说不如身行，耳闻不如目见。只见锦上添花，未闻雪里送炭。

【注释】

[1] 私语：私下说的话，比喻背地里说别人坏话。

[2] 天闻若雷：上天听到它（私语）就像听到雷声一样清楚。

[3] 暗室亏心：暗地里做的亏心事。

[4] 神目如电：在神灵看来就像闪电一样。

[5] 畔：田地的边界，这里代指利益。

传家二字耕与读,防家二字盗与奸;倾家二字淫与赌,守家二字勤与俭。作种种之阴功[1],行时时之方便。不汲汲[2]于富贵,不戚戚[3]于贫贱。素位[4]而行,不尤不怨。先达之人可尊也,不可比媚[5];权势之人可远也,不可侮慢[6]。

【注释】

[1] 阴功:指默默地积善行德。
[2] 汲汲:迫切地追求。
[3] 戚戚:担心害怕,忧愁恐惧。
[4] 素位:安心于平常所在的位置。
[5] 比媚:争相阿谀献媚。
[6] 侮慢:轻浮,傲慢不恭敬。

祖宗富贵,自诗书中来,子孙享富贵而贱[1]诗书;祖宗家业,自勤俭中来,子孙得家业而忘勤俭。以孝律身[2],即[3]出将入相[4],都做得妥妥亭亭[5];以忍御[6]气[7],虽横祸飞灾,也免脱千千万万。

【注释】

[1] 贱：看不起，贬低。
[2] 律身：约束自身的行为，做到严于律己。
[3] 即：即使。
[4] 出将入相：出征可为将帅，入朝可为宰相。指人德才兼备，是文武全才，也指担任文武要职。
[5] 妥妥亭亭：妥贴，停当。
[6] 御：驾驭，掌控。
[7] 气：意气，脾气。

善有善报，恶有恶报，若有不报，日子未到。水不紧[1]，鱼不跳。年年防饥，夜夜防盗。祸福无门，惟人自招。好义固为人所钦[2]，贪利乃为鬼所笑[3]。贤者不炫[4]己之长，君子不夺人所好。

【注释】

[1] 紧：湍急。
[2] 钦：敬重，钦佩。
[3] 为鬼所笑：南宋时期的刘伯龙，年少时家境贫寒，后来他历任尚书左丞、少

府、武陵太守等要职,但仍然家贫,常在家感叹。一天在家召集左右,欲营贪恋之利,忽见一鬼在旁抚掌大笑。伯龙叹曰:"贫穷固有命,乃复为鬼所笑也。"于是就放弃了这个念头。后来常用鬼笑比喻对预起贪念之人的耻笑。

[4] 炫:炫耀,故意展现。

受享过分,必生灾害之端;举动异常,每为不祥之兆。救既败之事,如驭[1]临崖之马,休轻加一鞭;图垂成[2]之功,如挽上滩之舟,莫稍停一棹[3]。窗前一片浮青映白,悟[4]入处,尽是禅机[5];阶下几点飞翠落红,收拾来,无非诗料。

【注释】

[1] 驭:驾驭,掌控。
[2] 垂成:即将成功。
[3] 棹:船桨。这里代指努力。
[4] 悟:领悟,思考。
[5] 禅机:佛教用语,佛教禅宗和尚谈禅说法时,用含有机要秘诀的言辞、动作或事

物来暗示教义，使人得以触机领悟，故而得名。后来常用来代指发人深省富有意味的妙语。

种麻得麻，种豆得豆。天网恢恢，疏而不漏[1]。见官莫向前，做客莫在后。会数[2]而礼勤，物薄而情厚。大事不糊涂，小事不渗漏[3]。内藏精明，外示浑厚。

【注释】
[1] 天网恢恢，疏而不漏：天道像一张巨大的网，虽然看起来很稀疏，但是绝不会漏掉一个做恶之人。常用来比喻做了错事，终将受到惩罚。恢恢，形容非常大而且稀疏。
[2] 会数：见面的次数很多。
[3] 渗漏：疏漏，纰漏。

佳人傅粉[1]，谁识白刃[2]当前；螳螂捕蝉，岂知黄雀在后[3]。天欲祸人，必先以微福[4]骄之[5]，所以福来不必喜，要看会受；天欲福人,必先以微祸[6]儆之[7],所以祸来不必忧,要看会救。

【注释】

[1] 傅粉:涂抹脂粉。
[2] 白刃:喻指刀光剑影。
[3] 螳螂捕蝉,岂知黄雀在后:出自汉代刘向《说苑·正谏》,"园中有树,其上有蝉,蝉高居悲鸣饮露,不知螳螂在其后也;螳螂委身曲附欲取蝉,而不知黄雀在后。"比喻只顾眼前的利益,而忽视了身后的危险。
[4] 微福:极小的福气,比喻不大的好处。
[5] 骄之:使他变得骄傲。
[6] 微祸:极小的灾祸,比喻小的苦难。
[7] 儆之:警示他,告诫他。

入　韵

算甚么命？问甚么卜？欺人是祸，饶人是福。鹪鹩巢林，不过一枝[1]；鼹鼠饮河，不过满腹[2]。大俭之后，必有大奢；大兵[3]之后，必有大疫。天眼恢恢，报应甚速。人欺不是辱，人怕不是福。人亲财不亲，人熟礼不熟。百病从口入，百祸从口出。片言九鼎[4]，一公百服。点石化为金，人心犹未足。不肯种福田[5]，舍财如割肉。临时空手去，徒向阎君[6]哭。

【注释】

[1] 鹪鹩巢林，不过一枝：鹪鹩鸟在树林中建造巢穴，只不过占了一根树枝。鹪鹩，一种小鸟名。

[2] 鼹鼠饮河，不过满腹：地老鼠在大河饮水，最多也只能喝满一肚子。这两句是比喻人的实际需求其实是非常有限的。

鼹鼠，地老鼠。
[3] 大兵：指大规模的战争。
[4] 片言九鼎：指说话非常有分量，能被众人信服。
[5] 种福田：指积功德。佛教以敬佛僧之德为敬田，报君父之恩为恩田，怜贫困者为悲田，这三种功德所积之福，称之为福田。
[6] 阎君：阎王。

积产遗子孙，子孙未必守；积书遗子孙，子孙未必读。莫把真心空计校[1]，惟有大德享百福。不作无益害有益，不贵异物[2]贱用物[3]。谁人不爱子孙贤，谁人不爱千钟[4]粟[5]，奈[6]五行[7]不是这般题目[8]。

【注释】
[1] 计校：算计，谋划。
[2] 异物：稀少，奇异之物。
[3] 用物：日常用品。
[4] 千钟：形容很多。钟，同"盅"。是古代的一个容量单位，古时官吏俸禄多以钟计算。

［5］粟：谷子。

［6］奈：奈何。

［7］五行：指金、木、水、火、土。古人将这五种物质看成是世间万物的本源，一切事物都是由这五种最基本的物质演化组合而来的。这里比喻世间万物。

［8］题目：安排。

恩宜自淡而浓，先浓后淡者，人忘其惠；威宜自严而宽，先宽后严者，人怨其酷。以积货财之心积学问，则盛德日新；以爱妻子之心爱父母，则孝行自笃[1]。

【注释】

［1］笃：坚实，纯厚。

学须静，才须学。非学无以广才，非静无以成学。行义要强，受谏要弱[1]。生于忧患，死于安乐。闲时不烧香，急时抱佛脚。不患老而无成，只怕幼而不学。

【注释】

[1] 受谏要弱：面对下级或者晚辈的批判也要虚心听取，谦虚接受。弱，虚心，谦卑。

  咬得菜根香，寻出孔颜乐[1]。富贵如刀兵戈矛，稍放纵便销膏靡骨[2]而不知；贫贱如针砭[3]药石，一忧勤即砥节砺行[4]而不觉。

【注释】

[1] 孔颜乐：指孔子和他的学生们安于贫困，以追求道义、探寻真理为乐。《论语·雍也》，子曰："贤哉，回也！一箪食，一瓢饮，在陋巷。人不堪其忧，回也不改其乐。贤哉，回也。"
[2] 销膏靡骨：销毁人的肌肤，靡烂人的骨肉。销，销毁。靡，腐烂，此处为使动用法。
[3] 针砭：古人所用的一种医疗器械。针用金属制成，砭用石头制成。
[4] 砥节砺行：磨炼节操和品行。砥，细的磨刀石。节，节操，气节。砺，粗的磨刀石，引申为磨炼。行，品行，行为。

送君千里,终须一别。不矜[1]细行[2],终累大德。亲戚不悦,无务外交[3];事不终始[4],无务多业。临难毋苟免[5],临财毋苟得。气死莫告状,饿死莫做贼。醉后思仇人,君子避酒客。智者千虑,必有一失;愚者千虑,必有一得。千年田地八百主,田是主人人是客。良田[6]不由[7]心田[8]置[9],产业变为冤业折[10]。

【注释】

[1] 矜:谨慎小心。

[2] 细行:指生活细节。

[3] 务外交:不能从事交际往来。

[4] 事不终始:做事情不能有始有终。

[5] 临难毋苟免:面临危机困难的时候,不能只顾着避免眼前的祸端而采用不正当的方式。比喻不能为避眼前祸端失掉了气节。

[6] 良田:这里比喻各种钱财。

[7] 不由:不是用。

[8] 心田:指良心。

[9] 置:置办,获得。

[10] 产业变为冤业折:所拥有的财产终究会被

用来抵消自己的过错和罪孽而丧失。冤业，做过的错事，犯下的罪过。折，折合，抵消。

真士无心邀[1]福，天即就无心处牖其衷[2]；佥人[3]着意避祸，天即就着意处夺其魄。权贵龙骧[4]，英雄虎战[5]，以冷眼观之，如蝇竞血[6]，如蚁聚膻[7]；是非蜂起，得失猬兴[8]，以冷情[9]当之[10]，如冶[11]化金，如汤[12]消雪。

【注释】

[1] 邀：祈求。
[2] 天即就无心处牖其衷：上天却在他不留意的地方诱使他实现自己心中的意愿。牖，同"诱"，诱导。衷，内心的真实愿望。
[3] 佥人：阴险邪恶之人。
[4] 龙骧：像龙一样飞腾。骧，骏马抬头奔驰的样子。
[5] 虎战：像老虎一样搏斗。
[6] 如蝇竞血：如同苍蝇争抢取食污秽之物一

样。竞,争抢。血,这里比喻肮脏污秽之物。
[7] 如蚁聚膻:好像蚂蚁在一起吃膻腥一样。膻,羊臊气,指腥食。
[8] 猬兴:像刺猬毛一样纷纷竖起。这里比喻矛盾多。
[9] 冷情:冷漠的态度。
[10] 当之:面对它。
[11] 冶:熔炉。
[12] 汤:沸腾的开水。

客不离货,财不露白[1]。谗言不可听,听之祸殃结。君听臣遭诛[2],父听子遭灭。夫妇听之离,兄弟听之别。朋友听之疏,亲戚听之绝[3]。鬼神可敬不可谄,冤家宜解不宜结。人生何处不相逢,莫因小怨动声色。

【注释】

[1] 露白:指在别人面前显露自己的财物。
[2] 诛:诛杀。
[3] 绝:断绝交往。

心思如青天白日，不可使人不知；才华如玉韫珠含[1]，不可使人易测[2]。性天澄澈[3]，即饥餐渴饮，无非康济身肠[4]；心地沉迷[5]，纵演偈谈玄[6]，总是播弄精魄[7]。芝兰生于深林，不以[8]无人而不芳；君子修其道德，不为[9]穷困而改节。

【注释】

[1] 玉韫珠含：把美玉、珠子藏起来，不让人看到。韫，隐藏。
[2] 易测：容易试探出来。
[3] 性天澄澈：指人的本性纯净，没有任何杂念。
[4] 即饥餐渴饮，无非康济身肠：即使是饿了的时候吃饭，渴了的时候喝水，也要有利于身体健康。康济，健康，滋润。
[5] 心地沉迷：指沉迷和醉心于世俗的名望财富等物欲之中。
[6] 纵演偈谈玄：即使是探讨宗教学说。偈，佛经中的唱词。玄，指道家玄理。偈、玄，在这里泛指宗教的思想。
[7] 播弄精魄：这里比喻白费精力。播弄，翻

动。精魄,精神。

[8] 以:由于。

[9] 为:因为。

满招损,谦受益。百年光阴,如驹过隙[1]。世事明如镜,前程暗似漆。有麝自然香,何必当风立。良田万顷,日食三餐;大厦千间,夜眠八尺。救生不救死,寄物不寄失。人生孰[2]不需财,匹夫不可怀璧[3]。廉官可酌贪泉水[4],志士不受嗟来食[5]。适志[6]在花柳灿烂、笙歌沸腾处,那都是一场幻境界;得趣于木落草枯、声稀味淡中,才觅得一些真[7]消息[8]。

圣贤言语,雅俗并集,人能体[9]此,万无一失。

【注释】

[1] 如驹过隙:如同骏马飞驰越过狭小的缝隙。形容时光飞逝。驹,骏马。

[2] 孰:谁,哪一个。

[3] 匹夫不可怀璧:普通人不拥有珍宝为好。指财宝能致祸,亦比喻有才能、有理想而

受害。出自《左传·桓公十年》，初，虞叔有玉，虞公求旃，弗献。既而悔之曰："周谚有之，匹夫无罪，怀璧其罪，吾焉用此，其以贾害也。"乃献之。

[4] 廉官可酌贪泉水：真正正直清廉的官员是不怕喝贪泉之水的，比喻真正廉洁之人即使是在不好的环境之中亦能保持自己的廉洁。贪泉，古代一眼著名的泉水名，在今广州石门，相传只要喝了贪泉水的人必起贪心，即使是廉洁之人也如此。但是晋代广州刺史吴隐之到此，酌而饮之，并赋诗曰："古人云此水，一歃怀千金。试使夷齐饮，终当不易心。"后吴隐之虽任富庶之地的刺史也廉洁自好。见《晋书·吴隐之传》。

[5] 嗟来食：直译为"喂，来吃吧"，引申指别人施舍食物时带有傲慢、瞧不起人的一种态度。出自《礼记·檀弓》，齐国出现了大饥荒，富人黔敖好心赈济灾民，在路边摆设了食物，等待饥饿的人来吃。有一个人饿得摇摇晃晃地走了过来，黔敖大声冲他吆喝说："喂！来吃吧！"没想到那

人却瞪视着黔敖,说:"我就是不吃嗟来之食才饿成这个样子的。"后来,虽然黔敖赔了礼道了歉,可那人直至饿死也没有吃黔敖施舍的饭食。
[6] 适志:心情舒畅愉快。
[7] 真:指符合人本性。
[8] 消息:道理,真谛。
[9] 体:明白,体会。

图书在版编目（CIP）数据

幼学琼林 增广贤文 / 陈明主编；韩成才，李军政注. -- 北京：新星出版社，2016.9
（中华经典·随身诵读本）
ISBN 978-7-5133-2001-6

Ⅰ. ①幼… Ⅱ. ①陈… ②韩… ③李… Ⅲ. ①古汉语-启蒙读物 Ⅳ. ① H194.1

中国版本图书馆 CIP 数据核字（2015）第 315864 号

幼学琼林　增广贤文

陈明 主编；韩成才 李军政 注

责任编辑：秦千里
特约编辑：闫　妮
责任印制：李珊珊
封面设计：杨运锋

出版发行：	新星出版社
出 版 人：	谢　刚
社　　址：	北京市西城区车公庄大街丙3号楼　　100044
网　　址：	www.newstarpress.com
电　　话：	010-88310888
传　　真：	010-65270449
法律顾问：	北京市大成律师事务所
读者服务：	010-88310811　service@newstarpress.com
邮购地址：	北京市西城区车公庄大街丙3号楼　　100044
印　　刷：	北京汇瑞嘉合文化发展有限公司
开　　本：	787mm×1092mm　1/32
印　　张：	11
字　　数：	150千字
版　　次：	2016年9月第一版　2016年9月第一次印刷
书　　号：	ISBN 978-7-5133-2001-6
定　　价：	36.00元

版权专有，侵权必究；如有质量问题，请与印刷厂联系调换。